소년들의 솔직한 몸 탐구 생활

사랑과 성이 궁금한 남자 청소년들의 필독서

글 일로나 아인뵐트 | 그림 바바라 융 | 옮긴이 마정현

위즈덤하우스

차 례

사랑과 감정 48

섹스와 친밀감 66

어이쿠

벌써 끝이라고? 92

정말
스트레스 받아.

부모님 때문에
짜증 나 죽겠어!

사춘기와 몸

여러분에게 익숙한 말들 아닌가요?

기분이 나쁜데
그 이유를 모르겠단
말이야.

코에 여드름이
났잖아.

날 이해하는
사람은 아무도 없어.

요즘 들어 땀이 엄청 나고
냄새도 좀 이상해.

자꾸 뭘
잊어버려.

영화에서 키스하는
장면이 나오면 어쩔 줄을
모르겠어.

처음으로 음모가 난 걸
발견했어.

혼자 멍하게 있는
시간이 많아.

이제 막 수염이
나기 시작했어.

가끔 세상을 다
품을 수 있을 것 같애.

음경이 제
마음대로 움직여.

작년에 입던 옷들이
더 이상 맞지 않아.

잠이나 실컷 자면
좋겠는데……

내가 어디에
속해 있는지
모르겠어.

사춘기의 뇌

만일 네가 여자아이들과 다른 점이 네 다리 사이에 있는 물건 때문이라고 생각한다면 그건 착각이야. 여자보다 30퍼센트 이상 더 많은 근육 때문도 아니야. 진실을 말하자면, **너를 남자로 만들어 주는 것은 테스토스테론이라는 호르몬이지.** 모든 것이 다! 그건 네가 이 세상에 태어날 때부터 시작돼. 남자아이들의 몸속에는 이 성호르몬이 여자아이들보다 아주 명백하게 더 많아. 테스토스테론은 고환에서 만들어지는데 남자들을 어릴 때부터 힘있고 근육이 발달한 몸으로 만들어 주고, 보다 활동적이고 모험적인 것에 관심을 갖게 해. 그런 다음 나중에 사춘기가 되면 생식기(음경, 고환)가 발달하고 성징(변성기, 수염)이 나타나지.

테스토스테론은 뇌에서도 몇 가지 역할을 해. 이 호르몬은 논리,

어떤 계획이 있(없)나요?!
생물학적 조건은 단 한 가지 사실에
불과해요. 중요한 것은 이들을 어떻게
다루는가에 있어요. 여러분은 멋지고
강하고 다정한 사람으로 성장할 수
있는 모든 것을 다 가지고
있어요.

공간, 실용적 사고가 자리잡고 있는 좌뇌(뇌의 좌반구)를 더욱 빨리 성장하게 하지. 우뇌(뇌의 우반구)는 창조력과 감정을 담당하는데, 크기는 좌뇌에 비해 좀 작아.

사춘기의 뇌는 그야말로 건설 현장 같아. 네가 예전보다 더 자주 욱하고 피곤하고 깜빡 잊어버린다는 것을 넌 이미 눈치챘을 거야. 아무 이유 없이, 그냥 기분이 안 좋지. 혹은 좋은 일이라도 있으면 마냥 들떠 있거나. 또 모험, 위험천만한 일도 앞뒤 살피지 않고 그냥 생각나는 대로 행동해 버려. 때때로 삶이 너와 네 주변을 아주 힘들게 만드는 것은 몸이 뛰어난 재주를 부리기 때문이야. 뇌는 지금까지 배운 것을 계속 사용할지 아닐지 시험하고, 이미 사용한 연결 회로를 강화하고, 신경 세포들을 새롭게 연결하지(이것을 **시냅스**라고 해). 그리고 필요 없는 것은 거의 사용하지 않아. 이 모든 것이 다시 가려지기까지, 다시 말해서 뇌의 각 영역이 서로 조화롭게 기능하고, **네가 이성적으로 분별력 있게 생각하고 행동할 수 있을 때까지는** 좀 더 많은 시간이 필요해. 그때까진 아무래도 충동적인 경향이 좀 있을 거야. 이젠 그 이유를 알았으니 주의할 수 있겠지.

호르몬!

인체에서 호르몬은 매우 중요한 역할을 담당하고 있는데, 이건 평생 그럴 거야. 체내의 다양한 분비선이 이러한 생화학적 전달 물질을 만들고 분비하지. 호르몬은 네 기분을 좋게 해 주고(도파민), 생식기를 성장시키고(테스토스테론), 비축된 에너지를 사용하게 하고(아드레날린), 잠을 잘 자게 하고(세로토닌), 소화를 돕고(인슐린, 티록신), 사랑에 빠지게 만들고(옥시토신) 또 섹스에 관심을 두게 해(테스토스테론).

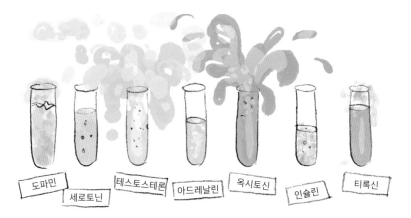

도파민 / 세로토닌 / 테스토스테론 / 아드레날린 / 옥시토신 / 인슐린 / 티록신

사춘기 남자아이는 1년에 12 센티미터까지 키가 커. 정말 많이 자라지! 그러니까 이 시기에는 좋은 음식을 먹고 건강에 관심을 기울이는 것도 중요해.

INFO

이와는 달리 사춘기 소녀들에겐 **에스트로겐** 같은 여성 호르몬이 분비돼서 난소와 유방을 발달하게 한다. 여자의 몸속에서도 테스토스테론이 만들어진다.

웃어 봐요!
아빠가 십 대였을 때 찍은 사진을 함께 들여다보세요. 아마 아빠도 여러분처럼 키만 멀대같이 크고 어리숙한 모습의 귀여운 소년이었을 거예요. 또 그 시절 할아버지의 모습은 어떤가요?

할아버지

아빠

나

또한, 이 시기에는 몸의 근육량이 변하고 골밀도가 늘어나고 어깨는 벌어지고 가슴이 넓어져. 신체의 여러 부위는 제각각 다른 속도로 변화하기 때문에 **몸이 다시 전체적인 균형을 이루고, 네가 더는 대파처럼 흐느적거리지 않을 때까지는** 여러 해가 지나야만 해.

네 또래 수많은 사내아이가 근육 있는 탄탄한 몸을 갖고 싶어 할 거야. 또는 유명한 축구 선수처럼 잘 단련된 다부진 체격을 원하거나! 하지만 만약 장대같이 키만 크고 허약하면 어떻게 해야 할까? 계속 피곤하고 기운이 없다면 말이야. 또 키가 너무 작아서 아무것도 소용없어 보일 땐 어떡하지?

답은 아주 간단해. 네가 할 수 있는 거라곤 아무것도 없어! 그저 기다리는 것뿐이야. **모든 남자아이는 자신만의 개인적인 발달 과정을 겪게 돼.** 좀 더 빨리 시작된 친구가 있는가 하면 더 늦는 친구가 있고, 건장한 체격을 가진 친구가 있다면 그렇지 않은 친구도 있어. 남자의 몸은 스무 살까지도 성장해.

건강한 몸 만들기

네가 좀 더 남자답게 보이고 싶은데 만족스럽지 않다면 당장 **운동화를 신도록 해!** 운동은 남성 호르몬인 테스토스테론 수치를 올리고 자신감을 높여 줘! 운동은 수염이 자라도록 도와줄 뿐 아니라 근육과 지구력을 키워 주지.

운동하면서 햇볕을 쬐고 신선한 공기를 마실 수도 있어. 운동은 신진대사와 비타민D를 만드는 데 좋아. 움직임은 신체의 모든 세포에 중요한 신호를 줘. 잘 봐, 뭔가 심상치 않은 일이 벌어졌어, 이렇게 말이지. **인생이란 행동과 변화야!** 이 둘에 모든 것이 달렸지.

운동은!

- … 훌륭한 신체 감각 및 조절 능력을 키워 준다.
- … 자의식과 자신감을 길러 준다.
- … 성격과 외모에도 커다란 영향을 끼친다.
- … 공격성과 넘치는 에너지를 해결한다.
- … 체력과 끈기를 길러 준다.
- … 훌륭한 내적, 외적 태도를 갖게 한다.
- … 균형감, 신체적 역량, 대처 능력을 강화한다.
- … 몸의 컨디션과 건강을 유지한다.

나에게 맞는 운동

혼자 하는 운동을 좋아하든 팀을
이뤄서 하는 운동을 좋아하든
조용히 기분 전환하기를 원하든
재미와 활발한 움직임을 원하든
상관없어요. 그게 뭐든 여러분에게
맞는 운동은 꼭 있어요.

기분 전환을 원한다면…

요가, 낚시, 승마, 춤 등

혼자 하는 운동을 즐기는 사람은…

달리기, 복싱, 테니스,
골프, 수영, 유도 등

팀으로 하는 운동을 좋아하면…

축구, 하키, 핸드볼,
배구, 농구 등

네가 당장이라도 쏜살같이 뛰어나가 아이언맨으로 변하기 전에 먼저 마음부터 느긋하게 가지도록 해! **처음에는 엘리베이터 말고 계단을 이용해 보고 자전거로 이동하는 것만으로도 충분해.** 우선 5층을 걸어 올라갔을 때 숨 쉬는 데 아무 문제가 없으면, 덤벨을 들고 근육을 단련하든지 매일 축구장에서 뛰든지 수영장에서 지칠 때까지 수영해도 좋아. 하지만 성장기 동안에는 오로지 근육 운동에만 매달리는 건 좋지 않아. 팀으로 하든 혼자 하든, 운동 기구가 필요하든 그렇지 않든, 바람직한 것은 네가 재미를 느끼고 몸 전체를 움직이게 하는 운동을 고르는 거야. 정상에 선 운동선수들은 자기 몸을 최고의 상태로 유지하고 관리하기 위해서 날마다 여러 시간을 훈련해. 물론 그것이 그들의 일이긴 하지!

피자, 치킨, 햄버거는 정말 맛있지만, 몸을 둔하고 게으르게 만든다는 것을 네가 알면 좋겠어. 패스트푸드와 가공식품은 한창 성장하는 너희들 몸에 쓸모없는 지방과 탄수화물을 너무 많이 제공해.

탄산음료 속에는 설탕이 어마어마하게 많이 들어 있어서 갈증을 해소한다기보다 설탕 덩어리를 들이켜는 거나 마찬가지야. 단, 네가 맛있고 건강한 음식을 균형 있게 먹고 있다면, 어느 정도 적당히 먹는 것은 괜찮아. 그러면 좋은 컨디션과 건강을 유지할 수 있고 계속 피곤하다고 하진 않을 테니까!

탄수화물은 에너지를 공급하고, 빵, 쌀, 면, 곡물 속에 들어 있다. 통곡물이 들어 있는지 확인한다.

비타민, 미네랄, 섬유소는 면역 체계를 강화하고, 신선한 과일과 채소에 많이 함유돼 있다.

단백질은 근육을 만들고 성장하는 데에 꼭 필요하다. 단백질은 육류, 생선, 계란에 많이 들어 있고, 요구르트나 치즈 속에도 있다.

(동물성) 단백질과 철분은 건강한 신체 발육을 위해 중요한 기능을 한다. 이것은 육류와 붉은색을 띤 채소 안에 들어 있는데, 단 대량 사육한 가축에게서 나온 것은 피해야 한다.

INFO

바나나 단백질 셰이크

바나나를 으깨서 신선한 치즈 150그램과 잘 섞어요. 그런 다음 여기에 우유 400밀리리터를 넣고 핸드블렌더나 믹서기로 갈아 줘요. 꿀 한 스푼과 잘게 부순 아몬드 세 스푼을 넣어서 맛을 더해요.

하루를 건강하게!

견과류와 말린 과일: 뇌세포들에 에너지를 공급해요.

사과, 오렌지 등의 과일: 여러분이 좋아하는 과일 하나쯤은 있을 거예요!

멀티비타민 주스 또는 스무디: 매일 한 잔씩 마셔요.

채소 스틱: 파프리카, 오이, 당근, 그게 뭐든 다 좋아요!

물: 충분히 섭취하세요. 운동을 많이 한다면 더 많이 마셔요.

코코넛워터: 운동선수들을 위한 음료로,
갈증을 없애는 데 최고예요!

소파 껌딱지

기억하세요!
TV 앞에 계속 앉아 있거나
장시간 꼼짝하지 않고 책상
앞에만 앉아 있으면, 칼로리는
전혀 소모되지 않아요.

여드름, 그래서 어쩌라고?

호르몬이 롤러코스터처럼 요동치는 시기에는 네 피부도 마찬가지로 대소동이 일어날 거야. 면포성 여드름(화이트헤드, 블랙헤드)과 크고 작은 뾰루지들이 얼굴과 등에 나고, 때때로 심한 염증이 생겨서 곪을 때도 있어. 이것을 화농성 여드름(농포)이라고 해.

여드름은 모공이 막혀서 피지가 잘 배출되지 못할 때 생기는 거야. 일반적으로 피지선은 피부를 부드럽고 매끄러운 상태로 유지해 줘. 하지만 사춘기에는 종종 피지선이 많은 지방을 생산하는데, 이것이 피부 맨 바깥층을 막아서 각질을 만들어. 바로 그때 여드름이 생기는 거야. 그곳에 세균이 모여서 염증을 일으키면 곪게 되지. 대부분의 여드름은 저절로 완치되니까 절대로 여드름을 손으로 짜거나 누르지 마. 문제가 더 심각해질 수 있어.

TIP

깨끗한 피부(의 문제)
피부와 여드름은 잘 관리해 줘야 해요! 빨간 소보루빵 부스러기를 뿌려 놓은 것 같은 얼굴로 돌아다니고 싶지 않다면 말이죠. 만약 걱정된다면, 약사나 피부과 의사에게 꼭 물어보세요.

TIP

여드름이 생기는 원인은...
스트레스, 흡연, 활동 부족, 알코올, 인스턴트(반조리) 식품, 설탕이 함유된 음식

TIP

여드름이 싫어하는 것은...
청결과 규칙적인 위생 관리예요. 여드름 전용 제품을 이용해 세안하고, 티트리 오일을 발라 주고, 치료용 머드팩으로 관리하는 거지요.

효모 마스크

미지근한 우유 다섯 스푼에 각설탕 크기의
생효모 한 조각을 넣고 잘 녹인 다음
휘저어요. 부드러운 점성이 생기면 얼굴에 충분히
펴 발라요. 일정 시간이 지나서 마르면 미지근한
물로 씻어 내요. 주 1회 할 것! 효모는 혈액
순환을 촉진해 피부의 유·수분 균형을
잡아 줘요.

사춘기 화농성 여드름은 얼굴과 등에 난, 굵은 염증성 농포(고름 주머니)를
말한다. 이런 여드름이 생기면 피부과 의사를 찾아가서 증상에 따른 연고와
약을 처방받도록 한다.

흰 면포(화이트헤드)와 **검은 면포**(블랙헤드)는 모낭에 피지, 케라틴(피부, 머리털, 손톱을 형성
하는 단백질), 세균이 많이 쌓여서 넓어진 모낭을 말한다. 보통 코, 턱 등에서 볼 수 있다. 블랙
헤드는 피지가 피부 표면에서 공기와 접촉하여 산화돼서 검게 변한 것이다.

편평사마귀는 불편감을 주는 전염성 피부 질환으로, 사춘기 동안 얼굴, 손등과 겨드랑이
에 빈번히 발생한다. 편평사마귀는 대부분 1~2년이 지나면 저절로 사라지는데, 이때가 되
면 면역 체계가 안정되기 때문이다. 하지만 생활하는 데 큰 지장이 있다면, 피부과에 가서
제거하는 것이 좋다.

농양 및 종기는 고름이 생긴 피부염으로 무조건 의사의 치료를 받아야 한다.

모소낭은 염증성 질환의 하나로 꼬리뼈 부분의 엉덩이 사이에 발생
하고, 그곳에서 자란 털이 원인이 된다.
마찬가지로 생활에 커다란 불편이
있을 땐 의사를 찾아간다.

사춘기에는 체모에도 변화가 생겨. 지금 우리 몸에 난 털의 유전자는 인간이 실오라기 하나 걸치지 않고 벌거숭이로 사방을 뛰어다니고 난방 시설도 존재하지 않던 시절까지 거슬러 올라가. 선천적인 유전 인자에 따라 체모는 색깔과 굵기가 달라지지. 맨 처음 음모가 자라고 그다음 겨드랑이에서 털이 나는데, 어떤 사람은 많이 나고 어떤 사람은 적게 나기도 해. 또 다리에도 털이 나는데, 다리털은 다른 부위의 털보다 억세고 색깔도 더 짙어. 생식기 주변에 난 털은 음경(페니스)을 병균으로부터 보호하고, 성교할 때 피부가 자극을 받지 않게 하지.

겨드랑이 털에는 특별한 기능이 있어. 겨드랑이 털은 땀(이에 관해서는 19쪽을 봐!)을 흡수해서 몸이 식게 도와줘. 또 이성을 유혹하는 물질(페로몬)을 운반하고, 겨드랑이 피부가 서로 마찰하지 않게 해 주지. 겨드랑이 털이 너무 자랐을 땐 간단히 가위로 다듬어 주면 돼.

피지선 분비량의 증가 = 지성 피부 = 지성 두피. 어때, 당연한 말이지? 머리털도 마찬가지로 규칙적인 관리가 중요해. 매일 순한 샴푸로 머리를 감고, 일주일에 한 번 헤어팩이나 린스를 사용해 봐. 그렇다고 머리에 지나치게 신경을 쓰고 불필요한 제품을 사는 데 용돈을 낭비하지 않았으면 해!

사과 식초로 헹구기

뚜껑이 있는 병에 물 1리터와 사과 식초 0.2리터를 넣고 잘 섞어요. 머리를 감은 뒤 이것으로 헹구고, 손가락 끝으로 두피와 모발을 마사지해 줘요. 다시 헹구지 말 것! 식초 냄새는 금방 증발해요.

16

맨 처음 난 수염은 대부분 부드러운 솜털 형태로 뺨과 윗입술 위에 나다가 나중엔 턱에도 자라지. 수염을 멋있고 남성적인 것으로 생각하는 사람이 있는가 하면, 곧바로 싹 밀어 버리고 싶어 하는 사람도 있어. 수염이 얼마나 많이 나는가는 개인에 따라 천차만별이야. **수염은 면도한다고 해서 더 많이 나지는 않아!**

 재미로 알아보는 상식

남자가 전혀 면도하지 않고 털도 빠지지 않는다고
할 때, 평생 자라는 수염의 길이는 9미터다!

남자 수염의 강도는 구리줄과 같다.

수염은 하루에 약 0.5밀리미터씩 자라고
밤에도 자란다.

도와주세요!
수염이 난 자리에 염증이 생길
때도 있어요. 그럴 땐, 그 부위의
털을 깨끗한 핀셋으로 조심스럽게
뽑은 후 꼼꼼하게 소독해
주세요.

다음 페이지에 계속 ⟹

습식 면도(일반 면도)는 이렇게

▶ 습식 면도는 샤워를 마친 뒤 하는 것이 제일 좋아요. 피부와 털이 부드러워져서 면도하기 쉬워요. ▶ 얼굴과 목에 면도용 거품을 넉넉하게 잘 펴 바르고 잠시 그대로 놔둬요(그동안 양치질을 할 수 있어요). ▶ 먼저 목부터 시작해서 볼, 입술 위, 턱 순서로 면도해요(건식 면도도 이와 동일해요). ▶ 면도하는 반대 방향으로 피부를 살짝 잡아당겨요. 털들이 일어서서 더욱더 깔끔하게 제거할 수 있어요. 또한 최소한의 자극으로 면도할 수 있어요. ▶ 수염이 난 방향으로 면도를 하든 그 반대 방향으로 하든, 이것은 취향과 피부에 따라 달라요. ▶ 면도날은 사용 후 항상 따뜻한 물로 깨끗이 씻어 줘요. ▶ 면도를 마치면 피부 유형에 맞는 화장수나 수분 로션을 발라 줘요. ▶ 주변을 잘 정돈해요. 면도날은 규칙적으로 새것으로 교체해요. 이때 다치지 않게 조심하세요!

애프터셰이브 (Aftershave)

면도한 뒤엔 꼭 애프터셰이브 로션을 발라 줘야 해요! 이것은 피부에 난 상처를 소독해 주거든요. 좋아하는 향으로 하나 골라 봐요. 아니면 비슷한 기능이 있는 화장품을 써도 좋아요.

건식 면도

건식 면도는 사용법이 편리하고 간단해요. 특히 수염이 빨리 자라서 매일 깎아야 할 때 좋아요. 전자제품 매장에 가면 좋은 면도기들이 많이 있어요.

땀이 나는 것은 아주 자연스러운 신체 기능이야. 우리 피부는 땀샘을 통해 매일 2리터에 이르는 땀을 배출하는데, 대부분은 잠자는 동안 배출되지. 땀은 덥거나 운동을 하거나 열이 날 때 체온을 조절하는 역할을 해. 만약 아무 이유도 없이 땀을 과도하게 흘릴 때는 의사에게 물어봐. 땀이 많이 나는 것은 호르몬이 원인이 되기도 하고 또 때에 따라서는 스트레스와 불안 혹은 규칙적으로 복용하는 특정 약물 때문이기도 해. (네가 끝까지 읽지 않을 수도 있지만) **확실한 것은, 사춘기 동안 땀이 엄청 많이 나는 건 아주 정상이라는 거야!**

막 흘린 땀은 냄새가 나지 않아! 피부에 남아 있는 땀이 세균에 의해 부패하면서 고약한 냄새가 나는 거야. 데오도란트는 땀이 나오는 것을 막아 주는 게 아니라 냄새가 나지 않게 해 줘. 네 마음에 드는 향으로 데오도란트를 사서 가방에 가지고 다니면서, 냄새가 나는 것 같은 기분이 들 때마다 사용해 봐. 알루미늄 소금

이 함유된 특정 제품, 소위 발한억제제는 땀샘을 '차단'해서 땀을 줄이는데, 이것은 건강을 위해 신중하게 써야 해. 하지만 지나치게 땀

다음 페이지에 계속 ➡

이 많이 나서 소외감이 들고 기분 나쁜 말을 들었다면 의사와 상담해 보도록 해.

겨드랑이 땀 냄새는 사람마다 달라! (이성을 유혹하는) 유인 물질은 소위 아포크린샘을 통해 배출되지. 이 '냄새선'은 특히 겨드랑이, 생식기 주변, 젖꼭지에 많이 있는데, 사춘기가 돼서 성적으로 성숙하면 비로소 냄새를 풍기기 시작해. 그러니까 누군가의 냄새가 좋게 느껴진다면 이건 좋은 신호야.

땀 냄새 예방법 I
★ 땀을 촉진하는 음식, 예를 들어 커피, 홍차, 술 그리고 강한 양념을 피해요. ★ 매일 티셔츠를 여러 차례 갈아입고 틈틈이 씻어요. ★ 가능한 한 면으로 만든 옷을 입어요. 폴리에스터와 같은 합성 섬유는 땀을 잘 흡수하지 못해 악취의 원인이 돼요.

땀 냄새 예방법 II
★ 수분을 충분히 섭취해요. 물, 과일 탄산수가 제일 좋아요. ★ 상점에서 땀 냄새를 억제해 주는 데오도란트와 양말이 있는지 살펴 보고 사요. 발에서 악취 나는 것을 피할 수 있어요.

남자는 역시 목소리!!

일반적으로 남자들의 목젖은 눈에 확 띄지. 목젖은 후두에서 보이는 부위로, 보통 남자아이들은 14세부터 변성기가 시작되면서 목젖이 커져. 신체의 호르몬 변화로 급격하게 성장하는 거야.

후두는 목의 앞부위, 정확하게 말해서 식도와 기관 사이에 위치하는데, 바로 이 후두 안에 성대가 있어. 성대는 노래하고 말하면서 숨을 내쉴 때 생긴 진동으로 울리는데, 이 성대의 길이와 긴장 상태에 따라서 목소리가 높거나 낮

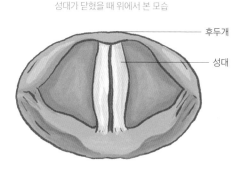

성대가 닫혔을 때 위에서 본 모습

— 후두개

— 성대

게 들리는 거야. 사춘기 동안 성대는 넓고 길어지는데, 이 때문에 목의 굵기에도 변화가 생겨.

이 시기에 성대는 두 배로 길어지는데, 다 큰 성인 남자의 성대는 2센티미터 정도 되지. 이 과정은 보통 반년 이상 계속돼. 이처럼 성대는 한꺼번에 자라지 않기 때문에 변성기에는 목소리가 우스꽝스럽게 들리고, 남자와 여자 목소리 사이를 왔다 갔다 할 거야. 그러다가 25세쯤 돼서야 비로소 목소리는 어른스러워지고, 성인 남자 세 명 중 두 명은 굵고 낮은 목소리를 내게 돼. 성인 남자들의 목소리는 사춘기 전보다 한 옥타브가 낮아지지.

넌 태어날 때부터 남자로서 필요한 모든 것을 다 가지고 있었어.
사춘기가 되면, 네 생식 기관은 점점 성숙해져. 음경(페니스)과 고환
이 커지면서 본래 기능을 갖추게 되는 거야. 음경과 고환은 약 18세
를 전후로 해서 완전히 성숙해져.

넌 알 거야. 부드럽고 늘어진 관처럼 생긴 음경이 성적으로 자극
을 받으면 딱딱해지고 일어선다는 걸 말이야. 이 음경 몸통에는 해
면체가 있는데, 이 조직체가 활동하게 되면 음경은 거의 뼈처럼 단단
해져. 그러다가 자극이 사라지면 음경도 다시 부드러워지지.

음경 끝의 앞쪽을 보면 요도, 정관과 함께 귀두라는 게 있어. 귀두
는 외부 자극에 아주 예민한데, 그 이유는 이곳에 특히 신경이 많이
분포해 있기 때문이야. 음경의 포피는 이러한 귀두를 보호해 줘. 음
경을 청결하게 하려면, 씻을 때 이 포피를 뒤로 젖히면서 잘 닦아 줘
야 해. 가끔 그 아래에 귀두지라고 하는 '치즈 같은' 때가 생겨서 불
쾌한 냄새가 날 수 있거든. 또 오줌을 눌 때도 그 부위를 젖혀 주는

남자아이들은 문화권에 따라서 또 위생적인 이유로 포경 수술을 한다. 그중
엔 태어나자마자 음경의 포피를 제거하는 아이들도 있다. 이렇게 해서 요도염
과 성병에 걸리는 위험률을 낮출 수 있다.
가끔 귀두와 포피를 연결해 주는 포피 소대(음경 소대)가 너무 짧아서, 포피가 뒤로 잘 젖
혀지지 않는 경우도 있다. 이 부분이 끊어지기 전에 전문의를 찾아가서 조금만 절제하면 확
장할 수 있다.

세계에서 가장 큰 음경을 가진 사람은 롱 존 실버라는 가명을 가진 포르노 배우로, 그 길이는 45센티미터가 넘는다.

대왕고래(청고래)의 음경은 동물 가운데 가장 큰데, 길이 3미터, 지름은 30센티미터에 이른다.

게 좋은데, 그렇게 하면 오줌이 여기저기 튀지 않아!

음낭은 음경의 왼쪽과 오른쪽에 있고, 그 안에는 달걀 모양의 고환이 들어 있어. 음낭의 피부는 색깔이 좀 더 진하고 주름이 많이 잡혀 있으며 매우 단단하고 또 아주 예민해. 음낭은 몸 밖으로 나와 있는데, 그 이유는 정자를 잘 생산하기 위해서야. 정액은 더운 것을 좋아하지 않기 때문에 고환이 아이스박스 같은 역할을 하지. 그러므로 몸에 꽉 끼는 청바지나 속옷은 피하는 것이 좋아!

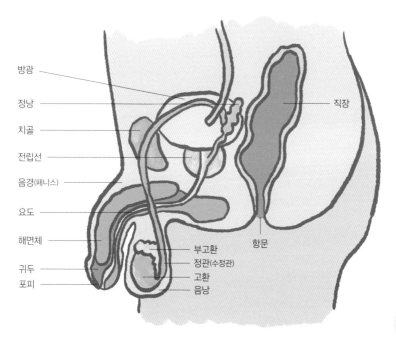

사춘기 비상 대책

꼬리를 무는 질문

▶ **젖꼭지 주변에 봉긋하게 조그마한 멍울이 생겼는데 어떻게 하면 좋아요?**

사춘기 소년 가운데 절반은 이렇게 여자처럼 유방이 생기는 증상을 경험하는데,
일시적으로 나타나는 현상이니 걱정하지 않아도 돼요. 이것은 아주 정상적인
발달 과정으로 시간이 지나면 사라집니다.

▶ **다른 아이들은 모두 키가 크는데 저만 크지 않아요. 무엇을 해야 할지 모르겠어요.**

사람마다 발달 과정은 매우 큰 차이가 있어요. 따라서 현재 모습 그대로도 아주
충분하고 자기만의 속도로 발달하고 있다는 것을 잊지 마세요.

▶ **시도 때도 없이 계속 배가 고픈데 어떡하죠?**

그렇다면 먹어요! 성장기에는 매우 많은 에너지가 필요한데, 이것은 흔히 있는 일이에요.
붉은 고기, 채소, 과일 그리고 탄수화물을 섭취하세요.(당연한 말이지만 여기서 패스트푸드는
제외됩니다!)

▶ **무릎이 아픈데 어떻게 하면 좋아요?**

키는 급성장하는데 무릎 관절이 보조를 맞추기 어려울 때가 있어요. 보통 이렇게
'키가 빨리 자라서' 통증이 심할 때는 진통제가 도움이 됩니다. 그래도 나아지지
않는다면 꼭 병원에 가서 진찰을 받으세요.

▶ **제 몸이 너무 이상하게 느껴지는데 어떻게 해야 할지 모르겠어요.**

운동하거나 춤을 추면 나아질 거예요. 내 몸을 더 잘 이해할 수 있게 도와줘요.

▶ **근육 있는 몸을 원하는데 어떻게 하면 되죠?**

아무것도 하지 않으면 아무것도 얻을 수 없어요. 운동도 마찬가지예요.

TIP

노래를 불러 봐!

노래 부르기! 이렇게 하면 성대를
부드럽게 유지할 수 있어요. 좀 이상하게
들릴지 모르지만 이건 정말 효과가 있어요.
제일 좋은 것은 합창단에서 노래하는 거예요.
아니면 읽고 말하는 연습을 통해 목소리를
훈련하는 것도 좋아요. 또 음 이탈을
통제하는 법도 알게 돼요.

사춘기 소녀들에게 생기는 일

사춘기에는 여자아이들도 자기들만의 문제가 있는데, 자세히 살펴보면 근본적으로 너희 남자들하고 전혀 차이가 없어. 남자아이들이랑 다른 점은, 여자들에겐 호르몬의 변화가 2년 정도 더 빨리 시작된다는 점이지. 그중에는 이미 아홉 살에 시작한 애들도 있어. 하지만 여자들의 뇌, 감정과 몸은 너희들과 거의 비슷한 '프로그램'에 따라서 진행돼. 감정이 시시각각으로 변하고 음모가 자라면서 생식기가 성숙하고 성징이 나타나지. 그러면서 몸은 머리끝에서 발끝까지 성장해.

이때 '여성 호르몬'인 에스트로겐은 여자들에게 아주 중요한데, 이것은 몸의 굴곡을 만들어 주고 피부를 부드럽게 하며 유방의 발달에도 큰 역할을 해. 남자아이들과 똑같이 뇌는 여자아이들에게도 어느 날 성적으로 성숙해졌다는 신호탄을 쏘아 올리지. 뇌는 호르몬들을 난소로 보내고, 그곳에서 4주마다 한 개씩 난자가 성숙하게 돼. 그러는 동안 자궁은 혈액이 풍부하게 공급된 '아기 둥지'를 준비해 놓지. 만약에 난자가 수정되지 않았을 때는 몸으로 흡수돼. 월경(생리)은 말하자면, 쓸모없게 된 이 아기 둥지가 몸 밖으로 배출되는 거야. 이것은 자연스러운 현상으로, 종종 여자아이들에겐 불쾌한 복통과 두통, 피로가 생기기도 하지. 몸이 해 내는 일을 보면 당연히 그럴 만하지 않겠어? 그럴 때 **넌 그저 배려해 주고 쓸데없는 농담이나 하지 않으면 돼.**

사춘기 남자아이들이 첫 번째 사정(초정기)을 경험하는 것과 마찬가지로, 이 시기 여자들은 첫 번째 월경(초경기)을 맞게 돼. **남자들에게 첫 번째 사정이 생식 능력을 갖게 되었다는 신호이듯, 여자들에게 첫 번째 생리는 임신을 할 수 있게 됐다는 의미야.**

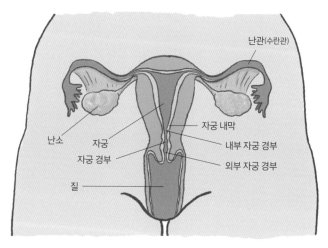

난관(수란관)

난소   자궁   자궁 내막
자궁 경부   내부 자궁 경부
외부 자궁 경부
질

여자들의 생식 기관은 몸 안에 있어. 처음엔 외음부(외부 생식기)도 잘 안 보이는데, 이건 다리 사이에 있어서 그래. 거기 포피 아래를 보면 여자들의 성 기관인 음핵(클리토리스)이 숨어 있어. 곁에서 볼 때 음핵은 작은 진주알처럼 보이지만, 실제로는 그 길이가 약 11센티미터나 되고, 너희 남자들의 음경처럼 몸통과 해면체로 이루어져 있어. 그래서 자극을 받으면 발기를 해서 딱딱해지지.

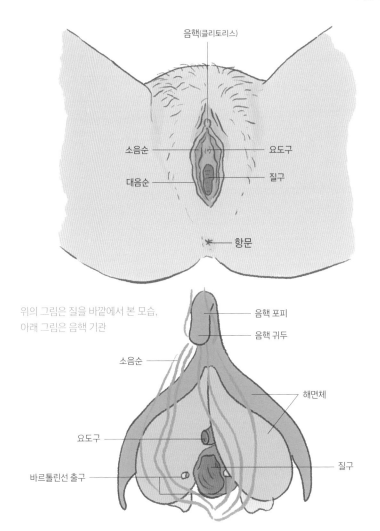

음핵(클리토리스)

소음순 — 요도구

대음순 — 질구

항문

위의 그림은 질을 바깥에서 본 모습,
아래 그림은 음핵 기관

음핵 포피

음핵 귀두

소음순

해면체

요도구

바르톨린선 출구

질구

음경(페니스)이 겉으로 보기에 **다 다르다.** 사람마
다 모양이 제각각이듯 여자들의 질 모양도 다르다. 음
순이 더 큰 사람이 있는가 하면, 음핵 귀두가 보이기도 하고 또
그렇지 않은 사람이 있다. 중요한 것은 그 아래가 어떻게 생겼느
냐가 아니라 본래 모습 그대로 아주 특별하다는 것이다.

강한 힘
그리고 액션이
필요하다고!

난 기계에
정말 약해.

난 잠시도 가만히
있질 못해.

멋진 옷을
입고 싶어.

친구와 가족

이 가운데 여러분에게 해당하는 것은 무엇인가요?

난 내가
되고 싶어.

나는 뭐든지
최고를 원해.

책 읽는 게
좋아.

난 자의식이
강해.

친구가
아주 많아.

혼자 있고
싶어!

난 창조적인 일을
좋아해.

난 약속을
지키는 사람이야.

난 너무 예민해서
상처를 잘 받아.

난 주위 사람을
배려해.

사람들을
돕고 싶어.

스마트폰 없인
살 수 없어.

내가 뭘 원하는지
잘 모르겠어.

난 정치에
관심이 많아.

난 꿈이
아주 많아.

춤추고 음악
듣는 걸 좋아해.

다른 사람들과
같이 있는 게
좋아.

난 잘 웃고
재미있는 사람
이라고!

나는 위험을
즐겨.

최고의
단짝이 있어.

남자아이가 남자로 성장할 땐 몸만 변하는 게 아니야. 정신과 영혼도 성숙하고, 지금까지 **경험하지 못한 낯선 감정들이 발달하면서** 부모, 친구, 남자, 여자 할 것 없이 **다른 사람들과의 관계에도 새로운 의미를 갖게 돼.** 마찬가지로 자기 자신을 보는 시선도 변하지. 왜냐하면 "나는 누구인가?"라는 질문에 쉽게 대답할 수 없기 때문이야. 무엇보다도 지금 넌 너에게 주어진 역할에 대한 답을 찾는 과정의 한가운데 있고, 미래의 너에게 필요한 것이 무엇인지 전혀 몰라서 그래.

TIP

나의 롤모델은?
여러분이 좋아하는 축구 선수는 누군가요? 여러분이 감탄하는 유튜버는요? 정말 멋있다고 생각하는 가수가 있나요? 여러분에게 깊은 감명을 준 정치가가 있으면 말해 보세요. 또 꼭 한번 만나 보고 싶은 배우는 누구인가요?

한편으로는 비디오 클립이나 TV, 영화에서 남성미 넘치는 강하고 천하무적인 '진짜' 사나이들을 많이 본 영향도 있어. 소란스럽고 거친 말이 난무하는 축구장에선 "계집애처럼 좀 굴지 마!"하고 소리치는 것을 들어봤을 거야. 다른 한편으로 학교에서는 폭력과 남자들의 '전형인' 힘 싸움을 접하게 되지. 더 높이, 더 멀리, 더 빠르게! 이것이 늘 최고의 해결책은 아닌데도 말이야. 학교는 읽고 쓰고 셈하

나는 나!

남자다움을 강요하는 전형적인 말 가운데 여러분이 아는 것은 무엇인가요? 이것을 다 종이 위에 적어 보세요. 그런 다음 줄을 그어서 지워 버리고 여러분이 원하는 것을 해요! 어떤 역할에도 얽매이지 마세요.

는 것과 팀워크 그리고 무엇보다 내용과 성과에 대해 배우는 곳이야. **왜냐하면 우리가 사는 사회는 주먹이 아니라 공감 능력, 이해력 그리고 창조력으로 발전해 나가기 때문이지.**

넌 전혀 불안해할 필요 없어. 너와 똑같은 고민을 하는 주위의 남자, 여자아이들에게 시선을 돌려 봐. '위와 아래', '남자 대 여자', 이러한 사고방식이 통하던 시대는 이미 지나갔어. 평등은 모든 측면에서 중요해. 여기에는 모든 인간, 모든 개인은 자신이 느끼고 생각하는 대로 살 수 있다는 의미가 포함돼 있어. **강하고 약한 여자, 강하고 약한 남자가 존재하는데, 대부분의 사람들에게는 이 두 가지 면이 다 있어. (남녀를 떠나서) 누구든지 각자의 방식이 있는 거야.** 각각 타고난 재능과 성격은 고유하기 때문에 모두 소중히 여겨야 해.

부모 자녀

부모님은 일생을 너를 위해 존재하는 분들이야. 모든 부모는 자기가 낳은 자녀를 보호하고 지원하고 가장 좋은 것을 주려고 해. 이것이 사춘기에는 때로 너무 답답하고 수많은 금지처럼 다가오기도 할 거야. 이와 동시에 부모는 자녀가 믿음직스럽게 자신의 삶에 책임감을 느끼는 모습을 볼 때 아주 대견스러워하지. 부모와 사이좋게 지내는 것은 언제나 좋은 일이야.

아빠는 네 인생의 첫 번째 남자 롤모델이야. 넌 아빠에게 남자가 되는 법부터 껴안고 싸우고 놀고, 감정과 신체를 표현하는 방법들을 배우게 되지. 아빠가 너와 함께 시간을 보내고 네 걱정과 고민거리를 들어줄 때 넌 행복할 거야. 하지만 유감스럽게도 이것이 모든 자녀에게 가능한 일은 아니야. 여러 가지 이유로 아빠가 집에 없는 경우도 많기 때문이야. 사춘기, 바로 이 시기에는 네가 남자로 잘 성장할 수 있게 지지해 주는 믿을 만한 사람이 필요해.

만일 지금 아빠에 대해 좀

> **영감을 얻기 위한 TIP**
> **부자 액션**
> 아빠가 즐겨 하는 활동은 무엇인가요? 그리고 그 가운데 여러분이 하고 싶은 활동은 뭔가요? 아빠와 함께하고 싶은 활동은요? 그게 무엇인지 골라 보세요!

더 알고 싶다는 생각이 들면 잘 얘기해 봐.

아빠와 단둘이 하고 싶은 것을 먼저 제안
해 보기도 하고(오른쪽 TIP을 참고해!), 남
자에 대해 알고 싶은 게 있으면 계속 물
어봐. 이를테면 아빠의 어린 시절은 어
땠고, 13, 14, 15세 때 모습은 어땠으며,
남자로서 힘든 점과 또 특별히 좋은
점은 무엇인지 물어봐.

아빠와 하고 싶은 일
★ 도보 여행하기 ★ 클라이밍
★ 모형 조립하기 ★ 요리하기
게임 및 실내 놀이하기 ★ 보드
(정치, 스포츠) ★ 토론하기
★ 책 읽기 ★ 박물관/영화관 방문하기
★ 공작하기 ★ 그림 그리기
★ 자동차 나사 조이기
★ 경기장 방문하기

  마찬가지로 **네 인생의 첫 번째 여
자인 엄마**도 너에게 많은 것을 주는
존재야. 너는 엄마에게 여자가 어떻게
행동하는지를 배우고, 엄마는 네가 자

립심과 자의식 있는 사람으로 클 수 있게 가르치지. 하지만 씻고 먹
는 것에서부터 학교 숙제 같은 자잘한 일까지 일일이 간섭하지는 않
아. 언젠가 더는 엄마의 보살핌을 받을 수 없다는 사실 역시 남자가
되는 것의 일부이기 때문이야! 그러나 당연한 말이지만 언제든지 엄
마의 도움을 구해도 좋아.

  너보다 나이가 많든 적든 **형제자매는** 잘 다투고 잘 싸우지! 하지
만 같이 부둥켜안고 장난하고 서로 배우는 사이이기도 해.

우리 남자들끼리만

말할 것도 없이 **여자는 정말 최고야.** 그래도 넌 또래 남자아이들과 붙어 있는 것을 아주 좋아할 거야. 안 그래? 쉽게 네 의견을 말할 수 있든지 다른 재미가 있든지 그 이유가 무엇이든 간에, 사람은 자기가 어떤 사람이든 자기 모습 그대로 있을 수 있을 때 편안함을 느껴. 남자들끼리는 말을 많이 하지 않아도 서로 이해해. 어디에서든 **너희들은 너희 모습 그대로일 수 있어!** 자신의 감정을 드러내고 불안한 것을 털어놓고 제정신이 아닌 일들을 계획하고 곧장 한마음으로 일을 벌이지. 또 승부욕 때문에 재미 삼아서 힘 싸움을 하기도 해.

이건 전혀 놀랄 일이 아니야. 왜냐하면 너희 남자들은 비슷한 점

이 꽤 많으니까. 너희는 무엇이 너희를 서로 이어 주는지 잘 알아. 그리고 최고 단짝 몇 명을 발견했다면, 거의 일생 동안 유지될 거야. 사람은 아주 소수의 사람에게만 자신의 감정을 털어놓을 수 있기 때문이야. **친구는 네 편이고** 네가 어려움에 부닥칠 때마다 도움을 줘. 그래서 친구가 있

다는 건 좋은 거야.

남자들은 보통 자기들끼리 있을 때 아주 편하게 생각해. 아마 너도 이런 기분을 알 거야. 하지만 왜 그런지 아직 생각해 보진 않았을걸. 그 이유는, 너희들은 누가 힘이 센지 아주 빨리 눈치채기 때문이지. **그래서 남자들은 쉽게 어울리고 순순히 따르면서 몸싸움을 피**

담력 테스트와
한계 무너뜨리기

이것은 꼭 필요해요! 그렇다고 위험한 것이나
몸을 다치게 하는 것은 안 돼요. '주의'는 비겁한 것이
아니고, '경솔'은 용기가 아니니까요.

하게 되는 거지.

 만일 친구가 없다면 친구를 찾아보도록 해! 학교, 스포츠클럽, 이웃, 자연 보호 단체, 보이스카우트, 어디서든 다 좋아. 아니면 혼자 있는 것을 더 좋아한다고? 그것도 괜찮아. 네가 혼자 숨어 지내면서 외롭다고 느끼지 않는다면 말이야.

한계에
도전하는 활동
★ 달리기 ★ 테이블 축구
★ 당구 ★ 축구 ★ 컴퓨터 게임
★ 권투 ★ 태권도/유도
★ 클라이밍

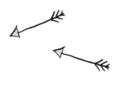

최고의 단짝

네 곁에 정말로 좋은 친구가 있다는 건 행운이야! 수많은 남자아이는 대부분 사는 동안 아주 극소수의 단짝만 있어. 남자들은 이것을 더 편리하다고 여기는데, 매번 처음부터 다시 시작해서 누군가에게 자신의 감정과 생각을 털어놓지 않아도 되기 때문이지. 아주 단순해. 남자들은 자기 속마음을 보이면 자신을 약하게 느끼고 다친다고 생각해. 하지만 오히려 마음을 열고 느끼는 대로 자기 자신을 보여 주는 것이 좋아. 가령 네가 슬퍼서 (친구 앞에서) 운다고 생각해 봐. **이런 일을 겪으면 두 사람은 더 가까워지고 모든 것을 이야기하면서 서로 앞뒤 가리지 않고 자신의 비밀과 경험을 다 털어놓게 돼.** 이것은 정말 멋진 일이지!

좋은 친구들은 서로 자극을 주고 격려해! 그러면서 모두 발전해 나갈 수 있어. 여기서 중요한 건, 누가 더 잘하느냐 못하느냐가 아니야! 달리기 시합이든 학교 공부든, 너희들이 할 수 있는 최선을 다하고 정정당당하게 서로 존중하고 인정하면서 경쟁해야 해. 서로 격려해 주고 (여자 문제든, 어떤 특정 선생님이나 시험에 관한)

걱정거리가 있으면 얘기해. 그리고 **반드시 풀어야 할 중요한 문제가 생겼을 땐, 올바른 방법으로 제대로 싸운 뒤 다시 화해하는 거야.**

지금, 사춘기 동안에 중요한 관심사는 당연히 신체적인 변화일 거야. 가장 관심 있는 주제는 음경이나 혼자 또는 다른 사람과 함께 한 최초의 성 경험일 테고. 간혹 남자끼리 껴안거나 서로 만질 때도 있어. 다른 사람의 성기를 만지면 어떤 느낌일까 그냥 그렇게 해 보는 거야. **그러니까 혹시 동성애자는 아닐까 하고 너무 걱정하지 마!** 자신의 성적 지향을 더 잘 알 수 있을 때까지 시간은 앞으로도 얼마든지 많아(더 자세한 것은 62쪽을 봐!). 그러므로 현재에 충실하도록 해!

넌 **아주 멋진 여자친구가** 있는 남자 중 하나일지도 몰라. 그야말로 행운아지! 만일 그렇다면 옆에서 그녀가 성장해 가는 모습을 함께 보면서 서로 경험을 나눌 수 있어. 이건 여자아이들이 어떤 변화를 겪는지 알 수 있는 좋은 기회야.

너 자신이 돼라

너는 너야! 네가 혼자든 가족과 함께
있든 넌 자신이 괜찮고 강한 사람이라고
스스로 생각해. 대부분은 맞아. 그러다가 또 완전히 불안감에 사로잡
히는 순간도 있지. 이런 감정이 성장의 과정이라는 걸 너도 알지만,
벗어나기는 쉽지 않아. 다음에 소개하는 방법들은 자신감을 가질 수
있게 도와줄 거야. 이렇게 하면 호르몬으로 인한 온갖 혼란 속에서
도 너는 좋은 기분을 유지할 수 있어.

▶ **여러분이 특히 잘할 수 있는 것 열 가지(!)를 적어 보세요.**
만일 아무것도 떠오르지 않는다면, 친한 친구나 부모님 또는
형제와 함께 써 보세요.

▶ **내 이름, 나의 계획** 자신의 이름으로 긍정적인 성격을 나타내는
삼행시를 지어 보세요.

▶ **평소보다 빨리 걸어 보세요.** 어정거리지 말고 두 어깨를 활짝 펴고, 스마트폰이 아니라 멀리 앞을 보고 힘차게 속도를 내서 걸어 보세요. 이렇게 하면 활력과 에너지가 넘쳐요.

▶ **웃으세요! 기적이 일어날 수 있어요.** 실제로 웃으면 얼굴 근육이 발달하고 행복 호르몬도 많이 분비됩니다. 이것은 행복 바이러스처럼 여러분과 주위에 좋은 영향을 끼치죠. 심지어 무뚝뚝한 버스 기사 아저씨도 웃게 해요. 어디 한번 내기해 볼까요?

▶ **자신의 외모를 사랑하세요.** 이것은 사실 말처럼 쉽지 않아요. 특히 자신과는 다르게, 여러 매체에서 조각 같은 몸매에 하얀 치아를 드러내며 활짝 웃고 있는 잘생긴 남자아이들의 사진을 볼 때 그럴 거예요. 여러분은 21세기를 사는 사람답게 사진을 조작할 수 있는 그런 앱들을 잘 알고 있어요. 하지만 그런 앱들로 자신의 사진을 고치지 마세요. 이 세상에 단 하나밖에 없는 내 모습이니까요.

▶ **성기와 자신을 동일시하지 마세요.**
길이, 크기, 폭은 아무것도 말해 주지 않아요. 여러분과 여러분의 성격에 관해서는 두말할 것도 없어요. 자존감은 음경 크기와 무관해야 하고, 무관하며, 무관할 수 있어요!

▶ **감사하세요.** 모든 것은 계획대로 되는 것도 아니고, 당연한 것도 아니에요. 꾸준히 시간을 내서 감사한 것을 모두 다 종이에 적어 보세요. (비록 지금은 여드름투성이일지라도) 건강한 몸, 멋진 아이디어, 기발한 생각, 전염성 있는 웃음 등 그게 뭐든 다 좋아요.

장난으로 치고받기

혹시 너희 학교 교칙에도 이 말이 적혀 있니? **장난으로 싸우기 금지.** 대체 무슨 이런 교칙이 다 있나 하고 의아해할 수 있지만, 실제로 정말 있어. 너희들이 날마다 치고받고 싸우고 주먹질하는 게 무슨 의미인지, 적어도 어른들은 잘 알아. 즉 장난으로 몸싸움을 하고 서로 신체적 한계를 시험하고 서로 힘을 겨루는 것이 너희들 가운데 누가 대장인지 가리는 문제라는 걸 말이야. 너는 이것을 멍청한 일로 여기고 멀리할 수도 있어. 그렇다면 아마 넌 실컷 흠이나 잡는 그런 부류의 사람일지 몰라. 하지만 그게 아니라면 너도 대부분의 사내아이처럼 그런 장난스러운 행동이 누구를 다치게 하거나 무시하는 행동이 아니라는 걸 잘 알 거야. 사람들은 그런 방식으로 자신이 집단 내에서 어떤 위치에 있는지를 확인하지. **말하자면 이것은 계속 다투는 것을 멈추게 할 수 있어.** 놀이터에서 운동하면서 또 게임을 하면서, 주위에서 장난으로 몸싸움하는 것을 쉽게 볼 수 있을 거야.

신체적인 대결을 할 수는 있지만 그렇다고 꼭 필요한 건 아니야. 갈등은 대화로 해결하는 것이 좋아. 거칠고 비열한 말로 비난하지 않고, 정정당당하게 서로 대등한 위치에서 말이지(44쪽도 봐!). 단 **주먹질을 하든 장난삼아 치고받고 싸우든 멈출 땐 멈춰야 해!**

어른들은 너희가 서로 싸우고 다치는 것을 원치 않아. 그래서 간섭하지. 가끔 어른들이 보기에, 너희들이 장난을 치

만약 심각한 폭행을 당하고 위협을 느낀다면 다음과 같이 해 보세요.

★ 심호흡하세요! 절대 당황하면 안 돼요. ★ 상대를 더 자극하지 않게 되도록 차분하게 대응하세요. ★ 가능한 한 당당한 태도를 보이세요. 상대방이 당황할 거예요. ★ 자기 생각을 전달하세요. 문제의 핵심을 큰 소리로 정확하게 말하세요. ★ 상대방과 이야기하면서 눈을 마주치세요. ★ 속마음을 다 드러내지 마세요. 상대를 협박하거나 모욕하는 말을 해서는 안 돼요. ★ 주위에 도움을 구할 방법을 찾아보고, 위급할 땐 지나가는 사람에게 도움을 청하세요.

는 건지 진짜 싸우는 건지 헷갈릴 때가 있거든. 게다가 부모들은 모두 자기 자녀를, 특히 아들을 폭력 없이 키우고 싶어 해. 주먹과 폭력은 절대로 갈등과 싸움을 위한 해결책이 될 수 없어! 마찬가지로 장난으로 하는 싸움이라도 한 명도 다쳐선 안 돼(그러니까 장난이지!). 넌 놀이와 폭력의 차이를 잘 구별해야 하고 또 언제나 정정당당해야 해. **십중팔구 더 약한 사람이거나, 아니면 하나가 후퇴하거나 포기할 때, 싸움과 주먹질 그리고 보복은 멈추게 돼.** 유감스럽게도 대중 매체에서 쉽게 접하는 폭력적인 모습들은 좋은 본보기가 아니니 따라 하지 않았으면 해.

정정당당하게 싸우기

싸우는 것을 좋아하는 사람은 아무도 없어. 그리고 **싸울 때 냉정을 유지하는 건 말처럼 쉽지 않아.** 특히 네가 보기에 상대가 흥분해서 비열한 비난과 말도 안 되는 부당한 주장을 막 늘어놓을 땐 더 그래. 또 친구나 부모님 때문에 스트레스받을 때에도 마찬가지지.

만일 상대방한테 책임을 떠넘기는 말, 가령 "넌 원래 그런데⋯⋯, 너 때문에⋯⋯." 이런 말 대신, 본인의 사적인 감정과 생각을 일인칭 화법으로 전달한다면 상황은 좀 더 간단해질 거야. **2인칭 화법은 상대방을 방어 태세로 만들어. 1인칭 화법에는 비난과 평가하는 말이 들어 있지 않아서,** 누구도 자신을 방어할 필요가 없고 더 큰 싸움으로 이어지지 않게 하지. 반대로 너를 비난하는 말이 쏟아진다고 느낄 땐, 정확하게 1인칭으로 표현해서 널 방어할 수 있지.

싸울 때 주의 사항

▶ 다른 사람이 말할 때 가로막지 않는다.
▶ 잘 경청하고, 상대의 말을 이해하려고 노력한다.
  (이때 속으로 자신이 대처할 방법을 찾지 않는다.)
▶ 큰 소리로 말하지 않는다.
▶ 감정적으로 행동하지 말고, 차분한 태도로 예의를 지킨다.
▶ 1인칭 화법을 쓴다. (예: "지금 내 기분은⋯⋯." "그렇게 말할 때 난⋯⋯."
  "내가 바라는 건⋯⋯." "난 ⋯한 인상을 받았어.")
▶ 모욕적인 말을 하지 않는다.
▶ (어떻게 하면 이 상황이 좀 더 나아질 수 있을까) 해결책을 찾는다.
▶ 반드시 한 사람씩 말한다.

다른 말로 바꿔 이야기하면, 상대방의 입장에서 서로 존중하면서 대화하는 데 도움이 돼요. 다음 표현들은 여러분도 잘 알 거예요.

그렇게 하지 마! 네가 잘못했잖아! (비판)

이렇게 해 봐요: 여러분이 보기에 무엇이 옳지 않은지 잘 설명하고, 여러분이 바라는 것을 말해요.

★ "그때 내 기분은……."

★ "앞으로는/당장…… 해 줘."

★ "……한다면 난 좋겠어."

네가 좀 더 주의했더라면… (비난)

이렇게 해 봐요: 상황을 따지지 말고 질문 형태로 말해요.

★ "왜 이런 일이 벌어졌다고 생각해?"

★ "다음부터는 뭘 할 거야/안 할 거야/어떻게 할 거야?"

★ "네가 보기엔 ……와 왜 싸웠다고 생각해? 다음에 만나면 어떻게 할 셈이야?"

정말 잘했어! 계속 그렇게 해. (칭찬)

이렇게 해 봐요: 좋은 일이 생겼거나 네 마음에 들었을 땐, 구체적으로 표현하도록 해요.

★ "네가 발표 수업에서 청소년의 예를 두 가지 말했을 때, 주제와 바로 연결할 수 있었어. 그렇게 하니까 다 쉽게 이해되더라. 정말 감동받았어."

접근 금지: 사이버 괴롭힘

클릭 한 번이면 인터넷에 사진이나 글귀가 바로 뜨지. 오늘날은 사람들 대부분이 스마트폰을 가지고 있고, 아무 때나 온라인에 접속해서 친구들과 여러 가지 내용을 공유할 수 있어. 이것은 재미있긴 하지만, 순식간에 사회관계망서비스(SNS)에 수치스러운 사진이나 모욕적인 발언, 불쾌한 이야기가 퍼지는 일도 발생하지. 너 자신도 전달 버튼을 누르기 전에 꼭 이 말을 명심하도록 해. **사이버 괴롭힘은 사소한 잘못이 아니고 때에 따라 처벌받을 수 있어.**

다른 사람의 사진을 올리기 전에는 다시 잘 생각해. 온라인에 수치스럽거나 조작된 남의 사진을 게시하는 것은 절대로 옳지 않아. **한 번 인터넷에 올린 것은 영원히 남는다, 이 말을 꼭 기억하도록 해!**

또한 부모님(선생님, 운동 코치)이라도 네 사진을 게시할 경우, 먼저 너에게 동의를 구해야 해. 단 네가 스타가 돼서 만인의 관심을 한 몸에 받고 있다면 또 모르지(그렇다 해도 모든 것이 다 허락되는 것은 아니야). 외부 행사에서 찍은 단체 사진의 경우, 무리 속에 있는 개개인을 알아보기 어려운데, 이럴 때 일일이 다 허가받을 필요는 없어. 하지만 반대로 사적인 모임에서 찍은 사진은 사람들의 동의가 필요해.

여러분 스스로 사이버 괴롭힘의 희생자라면 다음과 같이 해 보세요.

★ **악플은 무시하세요!** 비록 이것이 어렵더라도, 이렇게 하면 대부분의 악플은 사라지게 돼요. 악플을 올리는 사람은 여러분이 잘 아는 사람인 경우가 많아요. 평소에도 여러분이 마주치는 사람이기 때문에, (악플에 반응을 보이면) 상황은 더 복잡해질 수 있어요.

★ **능동적으로 대처하고 자신을 보호하세요!** 희생자처럼 행동하지 마세요. 자신감을 되찾고 당당한 태도를 보이세요.

★ **증거물들을 수집하세요.** 사진/화면을 캡처해서 보관하고, 해당 링크를 파일에 저장하세요.

★ **당사자의 허가 없이 온라인에 사진을 올리는 행위는 법으로 금지되어 있어요!** 만약에 동의하지 않은 본인 사진이 유포된 경우, 여러분은 고소할 수 있고 사이트 운영자에게 삭제를 요청할 수 있어요.

★ **부모님이나 믿을 수 있는 사람에게 알리세요.** 유감스럽게도 부모들은 대부분 이러한 일에 당황해요. 왜냐하면 온라인 매체 다루는 법을 여러분보다 더 모르는 경우가 많기 때문이에요. 그러므로 여러분이 다니는 학교에 미디어 교육을 담당하는 선생님이 있다면, 자신이 처한 상황을 학교에 알리고 조언과 도움받을 방법을 찾아보세요.

★ 만약 상황이 아주 나빠지면 **전화번호와 온라인 계정을 변경하세요.**

매체 중독에 관하여

부모님은 네가 몇 시간씩 스마트폰만 들여다보고 인터넷을 떠도는 것을 많이 걱정할 거야. 네가 좋아하는 시리즈를 보든 친구들과 채팅 또는 게임을 하든 상관없이 화면 앞에서 보내는 시간이 많은 것만은 틀림없어.

네가 지나치게 많은 시간을 온라인에서 보내고, 이 작은 기기에 의존하고 있다는 것을 느낀다면 뭔가 다른 일을 해 봐! **능동적인 자세로 계획표를 짜는 거야.** 지금보다 운동을 더 많이 하고 친구들과 함께 뭔가를 계획하면서 말이지. 즐거웠던 옛날처럼 보드게임을 하자고 약속을 잡아 봐. 만일, 아무도 안 만나고 먹지도 자지도 않고 종일 (TV, 컴퓨터) 화면 앞에만 앉아 있다면 매체 중독으로 볼 수 있어.

여러분은 얼마나 오랫동안 '접속 중'인가요?

혹시 스스로 매체 중독은 아닌지 테스트해서 확인해 보세요. 아래 항목 가운데 자신에게 해당하는 것이 셋 이상이면, 이젠 얼마간 접속을 끊어야 할 시간이 됐어요. 부모님과 친구들도 함께 테스트해 보세요!

★ 나는 잠시도 못 참고 휴대 전화를 들여다본다. 거의 강박적이다.
★ 내가 얼마나 오랫동안 접속 중인지, 컴퓨터 앞에 앉아 있는지, 정확하게 말할 수 없다.
★ 밥 먹을 때도 휴대 전화는 식탁 위에 있다.
★ 휴대 전화를 확인하지 못하면 불안하다.
★ 인터넷 검색, 온라인 게임을 하면 먹는 것도 잊어버린다.
★ 인터넷 검색, 온라인 게임 때문에 더는 친구들을 만나지 않는다.
★ 전화 통화보다는 온라인에서 대화하는 편이 더 좋다.

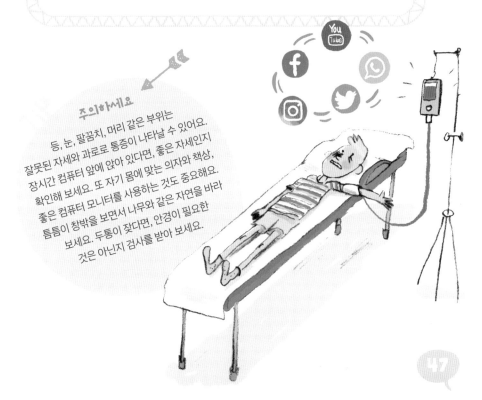

주의하세요

등, 눈, 팔꿈치, 머리 같은 부위는 잘못된 자세와 과로로 통증이 나타날 수 있어요. 장시간 컴퓨터 앞에 앉아 있다면, 좋은 자세인지 확인해 보세요. 또 자기 몸에 맞는 의자와 책상, 좋은 컴퓨터 모니터를 사용하는 것도 중요해요. 틈틈이 창밖을 보면서 나무와 같은 자연을 바라보세요. 두통이 잦다면, 안경이 필요한 것은 아닌지 검사를 받아 보세요.

47

사랑과 감정

이건 남 얘기가 아니라고요?

혼자 공상에
빠져서 무슨 일이
일어났는지 몰라.

난 용기가
없어!

이대로
괜찮은 걸까?

난 완전히
사랑에
빠졌다고!

사랑에 빠져서
너무 행복해.

나는 아무
생각이 없어.

온통 그 여자애
생각뿐이야.

그걸 할까 말까?

뭐, 뭐라고?!

키스는
어떻게 하지?

그 애한테
어떻게 말하면
좋을까?

알았어,
알았다고, 알았다니까!

왜 답장이 없지?

뭘 해야
좋을지 모르겠어.

절대로
일을 망쳐선
안 돼!

세상을 다
품을 수 있을 것
같아.

난 진짜 사랑에
빠졌어!

진짜 감정

"진짜 남자는 울지 않는다"라는 말은 이제 옛말이지만, 가끔 요즘도 공감할 수 있어. 한번 가슴에 손을 얹고 생각해 봐. 넌 네 감정을 말로 잘 표현하는지 말이야. **당연히 너도 감정이 있어. 왜냐하면 넌 기계가 아니고 사람이니까.**

하지만 또래 집단 안에서 남자로서의 네 위치를 분명히 해야 할 때, 넌 계속 감정을 억누르는 자신을 보며 여러 가지 기분이 들 거야. 또 집에서 만약 (형제, 자매에 의해) 네게 주어진 정서적 역할이 있다면, 감정과 대면하는 것을 쉽게 잊어버리게 돼. 그래서 감정은 얼어붙고 깊숙한 곳에 숨겨 놓은 것처럼 더는 찾을 수 없지. **네 느낌은 어때? 기분은 어때? 지금 넌 어디서 무엇을 느끼고 있어?**

여기엔 뭔가 그럴 만한 이유가 있어. **남자는 감정을 표현하는 방법을 배울 기회가 거의 없어.** 또 때로 아주 감정적으로 변하는 여자들에게 거리를 두기 위해, 자신의 감정을 꽁꽁 가두는 거지. 그러고는 쉬지 않고 게임하고 위험한 스포츠를 즐기는 등 남자만의 '전형적인' 일을 하면서, 더는 자기 안에 생기는 감정에 관해서는 얘기하질 않아.

용기 내서 아빠(할아버지, 이웃 아저씨)와 감정에 관해 얘기해 봐. 언제 어떤 감정이 들고, 어떻게 표현하는지 물어보라고. 언제 기쁘고 자랑스럽고 슬픈지, 그럴 땐 어떻게 말하는지, 언제 우는지 그리고

이 말들을 들어 본 적 있나요?

다음에 나오는 말은 "난 감정이 없어!"라는 말과 똑같습니다. 이런 말은 이제 사용하지 말고 다른 말로 표현해 보세요.

⭐ "인디언은 고통을 모르는 법이야!": 고통을 드러내세요. 신체적, 정신적 한계는 느끼고 치유되기를 원합니다.

⭐ "진짜 사나이는 울지 않아!": 눈물은 영혼을 씻어 주는 장치입니다. 감정은 꼭 밖으로 표출해야 해요.

⭐ "우리를 죽이지 않는 것은 우리를 더 단단하게 만든다고!": 경험은 우리를 성장하고 성숙하게 하고, 강하고 자신감 있는 사람으로 만들어 줍니다.

이것을 여자 같다고 생각하는지를. 무슨 말인지 알지?

감정은 우리를 강하게 해! 감정을 밖으로 드러내면 상처받을 수도 있지만 바로 이것이 우리를 창조적이고 생산적으로 만들지. **결국엔 사랑과 열정이야말로 우리를 움직이게 하고, 삶을 더 멀리 나아가게 돕는 원동력이 되거든.** 그게 취미든 사람이든 혹은 사물이든 상관없어. 만일 네가 사랑에 빠졌다면, 그게 여자든 남자든 그 또한 감정이야. 말할 수 없이 아름다운 진짜 감정 말이야.

용기 있는 남자들은 감정을 드러내는 것을 부끄럽게 생각하지 않아. 다행스럽게도 지금은 자신의 감정을 숨김없이 보여 주는 남성미 철철 넘치는 남자들이 정말 많아졌어.

평화롭게 잠들다

들끓는 분노

너도 잘 알 거야. 단어 하나, 눈빛 하나, 행동 하나에도 네가 갑자기 폭발하기에 충분하다는 걸 말이야! **넌 마구 소리치고 싶을 거야.** 아무거나 부수고 싶든지. 어쩌면 넌 이러한 감정을 잘 모를 수도 있어. 하지만 다른 사람이 불끈 화내는 것은 알아챘을 거야. 감정을 통제하는 것이 누군가에겐 쉽지만 누군가에겐 어려울 수 있어.

보통 분노의 싹은 잘 생기지 않는데, 이 감정은 사람들에게 잘 받아들여지지 않기 때문이야. 하지만 분노는 밖으로 나와야 해. **분노는 나쁜 게 아니야!** 또 분노하는 사람이라고 해서 반드시 나쁜 사람도 아니고. 시험 점수를 불공평하게 받았다고 느낄 때, 엄마가 새 운동화를 신지 못하게 할 때는 분노해도 돼. **그렇다고 해서 분노를 사람들한테 있는 그대로 다 분출하고 제멋대로 물건을 부수는 행동을 해선 안 돼.** 이것은 다른 사람에게 상처를 줘. 그리고 결국 너 자신도 상처를 입지.

만일 네가 순식간에 화를 내고, 이것을 너 자신도 좋지 않게 느낀다면, 다른 사람에게 벌컥 화부터 내기 전에 먼저 **분노하는 감정을 조절하는 방법을 찾아보도록 해!** 우선, 숨을 깊게 들여 마셔! 그런 다음 뒤로 돌아. 그리고 아주 천천히 1부터 10까지 세는 거야. 화가 나서 떨리는 몸이 진정될 때까지 기다려. 만약 차라리 너 혼자

> ## 분노가 치솟는 것을 이렇게 알 수 있어요.
>
> 몸이 끓는 주전자처럼 뜨거워져요.
> 심장 박동이 빨라져요. 근육이 긴장되지요. 호흡이 가빠져요.
> 몸이 떨려요.

서 화내는 게 더 나을 땐, 양동이 하나를 마련해서 머리에 뒤집어쓰
고 마음껏 소리를 질러.

중요한 것은, 여러분이 왜 항상 쉽게 분노하고 기회가 생길 때마다 끓어오르는지 그 이유를 찾는 거예요.

★ 누군가 여러분을 향해 말할 때마다 개인적으로 공격당했다고
느끼나요? 더욱 자신감을 가지고 상대가 한 말을 받아치세요.

★ 일이(숙제, 게임 같은) 뜻대로 되지 않을 때 바로 실망한다고요?
가족, 친구들과 자주 보드게임을 하면서 놀이하듯
성공과 실패를 대해 보세요.

★ 사람들과 대화할 때 자신의 의견에 스스로 확신에 차 있나요?
이 세상엔 언제나 한 가지 이상의 진실이 존재한다는 것을
깨달으세요. 이러한 사실을 빨리 받아들일수록
여러분의 마음은 더 가벼워질 거예요.

나무처럼 강하게

분노가 생길 때 이렇게 해 보세요.
두 발에 힘을 주고 선 뒤, 바람에 흔들리는
나무처럼 몸을 움직여요. 천천히 시작해서
점점 더 강하고 힘차게 아주 빠르고 크게
움직여요. 이때 두 발은 바닥에 단단히 고정
시켜요. 호흡하는 것을 잊지 말아요.
그런 다음 바람이 멈춘 나무처럼 몸의
움직임도 서서히 멈추면서 다시
처음 자세로 돌아와요.

화를 내!

분노를 참지 않고 꼭 터뜨리고
싶을 땐, 상자나 종이를 갈기갈기
찢어요. 또 마구 두드릴 샌드백,
나무 막대기, 쿠션을 찾아도
좋아요.

53

솔직히 말해 봐. 저쪽에 여자아이가 한 명 있어. 기분 좋지? 그 여자애는 다른 애들과 달라. 특히 웃는 모습이 예쁘고 재능도 아주 많아. 그녀를 볼 때마다 네 심장은 크게 두근거리지. 또 그녀 곁을 지나갈 때면, 넌 세상에서 둘도 없는 얼간이처럼 행동해. 바보처럼 말하고 얼굴은 새빨갛게 달아오르지. 그야말로 속속들이 다 드러나. 넌 완전히 넋이 나가 버려. **이것은 틀림없이 네가 홀딱 반했다는 증거야!** 이제 문제는 그녀에게 어떻게 다가가느냐, 이거겠지?

만약 그녀의 전화번호를 안다면 데이트 신청을 해 봐. 약속 장소는 서로 만나기에 부담 없는 곳으로 잡는 거야. 서점도 좋고 미술관도 좋아. 아니면 그녀한테 물어보든지. 잃을 건 아무것도 없으니까, 용기를 내라고! 그저 안녕? 하고 인사해. 그럼 나머지는 저절로 해결돼. 너무 많이 생각할수록 복잡해져. 물론 그녀가 계속 친구들과 같이 있어서 따로 말을 걸 수 없다면 그리 좋은 상황은 아니야. 이럴 땐 언제 혼자 이동하는지 알아내면 말 걸기가 훨씬 쉬울 거야. 혹시 그러다 거절당해도 슬퍼하지 말고 자랑스러워해! 넌 용기 있었고 네 감정에 솔직했어. **때때로 진실은 고통스럽긴 해도, 괴롭고 불행하게 사랑에 빠진 것보단 훨씬 나아.** 최소한 이제 다시 제정신으로 돌아왔고, 불필요한 희망을 품지 않아도 되잖아.

> 사랑에 빠진 것은 행복에 도취한 것과 똑같다! 주위의 모든 것을 다 잊어버리고, 세상은 온통 장밋빛으로 보이니 놀랄 일도 아니다.

우리가 사랑에 빠지든지 위험한 상황에
놓이든지, 뇌는 두 가지 흥분 상태의
차이를 구별할 수 없다.

사랑에 빠진 것을 이렇게 알 수 있어요.

★ 그녀의 주위를 맴돈다.
★ 그녀가 한 말에 즉시 반응을 보인다.
★ 그녀가 새 옷을 입은 게 눈에 띈다.
★ 그녀가 말한 단어 하나에도 몹시 신경이 쓰인다.
★ 그녀와 마주칠 때마다 너무 긴장한다.

그녀가 여러분에게 관심이 있다는 것을 이걸 보면 알 수 있어요.

★ 나를 쳐다볼 때마다 웃는다.
★ 내 주위를 맴돈다.
★ 내가 한 말에 반응을 나타낸다.
★ 나와 대화하는 것을 좋아한다.

데이트 왕

　　너의 첫 데이트가 눈앞으로 다가왔고 넌 다시 긴장하고 있어. 어떤 옷을 입지? 머리는 어떤 스타일로 하지? 면도하는 게 나을까? 새로 산 데오도란트를 써 볼까? 이러한 것은 미리 생각해 놔. 좋아, 아주 천천히 행동해. 그리고 이 말을 명심해. **그녀는 너를 만나고 싶어 하고 널 이상하게 생각하지 않아.** 넌 평상시처럼 자연스럽게 행동하는 것이 어려울 거야. 하지만 **그녀도 마찬가지로 너처럼 긴장하고 있다는 것을** 알았으면 해.

TIP

성공적인 데이트를 위한 조언

★ 여러분이 가장 좋아하는 옷을 입으세요! ★ 좋아하는 음악을 들으세요. ★ 친한 친구에게 전화를 걸어서 농담해 보세요. ★ 그녀에게 해 줄 칭찬을 생각하세요. ★ 언제, 어디서, 왜, 무엇 등으로 시작하는 멋진 질문을 몇 개 준비해 두면 좋아요. (예: "요즘에 즐겨 듣는 음악이 뭐니?") ★ 데이트 중 휴대 전화는 주머니에 집어넣으세요.

꼬리를 무는 질문

▶ **너무 긴장돼서 어쩔 줄을 모르겠어요. 어떻게 해야 하죠?**

그대로 받아들이세요. 그녀는 당신을 아주 멋진 사람이라고 생각하고, 그녀 역시 긴장하고 있을 거예요. 그렇다면 지금 당장 할 수 있는 가장 좋은 방법이 그런 내 모습을 웃어넘기는 거예요.

▶ **그녀가 지루해하는 것을 어떻게 알 수 있나요?**

계속 시계나 휴대 전화만 쳐다보고 거의 아무 말도 하지 않아요. 이럴 땐 대화 주제를 바꿔 보세요. 그냥 수줍어서 그럴 수도 있지만, 당신이 하는 이야기에 전혀 할 말이 없을 수도 있어요.

▶ **그녀가 저를 다시 만나고 싶어 한다는 것을 어떻게 알 수 있죠?**

흥미로운 카페나 파티 또는 영화 이야기를 꺼내요. 이것저것 총동원해서 말하고, 그녀가 관심을 보이면 바로 다음 데이트 날짜를 잡아요. 서로 만날 때마다 점점 가까워지죠.

▶ **그녀가 저를 좋아한다는 걸 어떻게 알 수 있을까요?**

웃는 얼굴, 당신에게 다가가는 태도를 보면 알 수 있어요. 또 팔을 움직인다든지 머리를 쓸어 올린다든지, 이렇게 당신이 하는 대로 그녀가 따라 하는지도 살펴보세요.

▶ **어떻게 하면 그녀와 더 가까워질 수 있나요?**

신체 접촉을 해 보세요. 팔과 어깨를 가볍게 쓰다듬고, 그녀의 손을 잡아 보세요. 또 그녀에게 다정한 칭찬을 해도 좋아요(액세서리, 옷). 그녀가 거부하지 않으면 이미 큰 진전을 이룬 거예요. 하지만 만일 거부할 땐 억지로 하지 마세요.

▶ **첫 데이트 때 키스를 해도 될까요?**

그건 둘이 얼마나 서로를 잘 알고 있는가 또 그녀가 원하는가에 달렸어요.

▶ **첫 데이트에서 작별 인사를 어떻게 해야 할지 모르겠어요.**

헤어질 때 정말로 즐거웠다고 말하세요.

▶ **데이트가 그녀의 마음에 들었는지 어떻게 알 수 있을까요?**

이 질문을 당신에게 해 볼게요. 그녀와의 데이트가 좋았나요? 그녀와 함께 있을 때 기분이 좋았어요? 모두 그렇다면 물어볼 것도 없어요.

수퍼 히어로

키스는 어떻게?

어머나!

첫 키스는 말할 수 없이 흥분되는 일이야! 누가 먼저 시작할까? 키스는 대체 어떻게 하는 거지? 다른 사람에겐 어떤 맛이 날까? 이것저것 **생각하지 말고 해 봐!** 네 감정이 이끄는 대로 따라 가고, 모든 감각으로 즐기면 키스는 (거의) 저절로 이루어져. 그때 무엇보다 중요한 전제 조건이 있어. 키스하는 것을 너와 그녀 모두 원해야 해. 키스하면 호흡의 빈도수가 증가하고, 맥박은 점점 빨라지며, 혈관은 확장되고, 혈액 순환이 잘돼. 또 호르몬이 온몸에 왕성하게 분비되면서 그야말로 순수한 에너지가 마구 샘솟게 돼!

너희 가운데 누가 먼저 키스를 하는가는 전혀 중요하지 않아. 중요한 것은, 너희 두 사람 모두 이것을 원해야 한다는 점이야. 만일 네가 보기에 데이트에 진전이 없거나 상대방이 얼굴을 돌린다면, 이건 분명히 'No'라는 신호야. 그녀는 아직 준비가 안 됐거나, 단순히 바로 그 순간에 키스하기를 원치 않을 수도 있어. 잘 모르겠거든 물어 봐. 그래야만 뭐가 문제인지 알 수 있으니까. **한계를 존중할 것!** 'No'는 'No'라는 것을 잊지 마!

TIP

키스를 방해하는 것들
입 냄새, 음식 찌꺼기,
너무 많은 침과 면도하지 않은 수염
절대 금물: 껌!

키스 마크란 파란 멍처럼 보이는 흔적으로, 이것이 완전히 없어지기까지는 크기와 강도에 따라 4주 정도 걸리기도 해. 키스 마크는 매우 부드럽게 빨아들이고 물어서 생긴 거야. 이때 피부 아래 모세혈관이 터지고, 피가 그 주변 피부 조직으로 이동하면서 붉게 멍들고 파랗게 되다가 초록색과 노란색으로 변하게 되지. 이건 위험한 게 아니니까 걱정하지 않아도 돼.

모든 키스에 해당하는 말: "몸은 함께 키스해요!"

★ **볼 키스**는 사랑스러운 우정의 표시로 인사할 때 해요.

★ **나비 키스**는 아주 부드럽고 장난스럽게 하는 키스예요. 나비가 사뿐히 날아 앉듯, 입술로 상대방의 피부 위에 포근하고 부드럽게 입맞춤해요.

★ **로맨틱 키스**는 작고 장난스럽게, 상대의 입, 코, 귀를 야금야금 깨물면서 하는 키스예요.

★ **작별 키스**는 다시 만나야만 진정 값진 키스죠.

★ **혀 키스**는 최고의 쾌락을 주는 키스예요. 상대방의 입안에 혀를 넣고 그 안을 탐색하면서, 혀끝으로 살살 부드럽게 애무하다가 때론 아주 강렬하게 키스해요.

넌 달콤한 공상에 잠겨 밤낮으로 노래를 크게 흥얼거리고, 지금까지 알지 못했던 아주 풍부한 감정에 사로잡혀 있어. 감정이 차올라서 금방이라도 쏟아질 것만 같지. 그렇다면 숨기지 마! 물론 이것은 상처를 주기도 해. 하지만 그건 네가 상대방에게 무엇인가를 기대하고, 너처럼 상대도 똑같이 느끼고 행동할 거로 생각하기 때문이야. **네가 알아야 할 것은 사람이 다 다르다는 사실이야. 그리고 사랑하는 방식 역시 사람마다 달라.**

지금은 이 말이 복잡하게 들리겠지만, 네가 살아가는 데 도움이 될 거야. 너는 사랑에 빠졌고, 그녀를 멋진 여자라고 생각하고, 그녀 곁에만 계속 있고 싶겠지. 그렇다고 너의 관심과 욕구를 무시해도 좋다는 의미는 아니야. 너는 그녀를 있는 그대로 받아들이면서 너희 관계를 기뻐하면 돼.

감정은 상처를 입히기도 해. 그렇지만 감정은 사람과 사물에 대한 사랑과 열정의 커다란 동력이 되기도 해. 네가 감정을 신뢰하고, 완전히 자발적으로 행동할 때만 넌 **상처를 극복하고 용감해질 수 있어.** 그래서 어떻게 될지는 잘 모르지만, 반드시 해야 할 새

> **"용기를 내세요!"**
>
> "사랑해." 하고 입으로 말하는 것은 늘 어려워요. 대신 "난 널 좋아해."란 말은 좀 쉬울 거예요. 또 다음의 표현들도 사용하면 좋아요.
> ★ "보고 싶었어." ★ "너한테 좋은 향기가 나."
> ★ "너와 함께 있어서 좋아." ★ "네가 안아 주면 기분이 너무 좋아."
> ★ "널 만날 날만 기다려."

로운 일들(우정, 새로운 아이디어 찾기, 꿈을 실현하기 등)에 당당히 도전할 수 있게 해 주지.

팔짱을 끼고 주변을 걷는 것도 즐거운데, 이것은 보통 누가 말해 주지 않아도 저절로 그렇게 돼. 여자 친구에게 그녀가 안아 주는 걸 네가 좋아한다고 말해 봐. 그리고 그녀와 함께 있는 순간을 누리도록 해! 서로 알아가는 너희 둘만의 시간과 또 아주 섬세한 신체적인 첫 경험을 말이야.

혹시 내가 잘하고 있는 걸까 하고 너무 신경 쓰지 마. 둘만의 시간을 위한 규칙 따위는 없으니까. 중요한 것은 너희 모두 편안함을 느끼는 거야. 그리고 질문은 많이 하지 않는 게 좋아. 그녀 손을 잡고, 그녀를 안아 주고 부드럽게 쓰다듬어 줘. 네가 여자 친구에게 너무 달려드는 걸 수도 있지만, 그녀도 잘 몰라서 네가 이끌어 주기만을 기다릴 수도 있어. **이건 네가 직접 해 보지 않으면 알 수 없는 일이야.** 잃을 건 아무것도 없어. 그러니까 일단 시도해 봐.

누가 누굴 좋아해?

우리 사회는 아주 뚜렷하게 이성애 규범의 사회야. 항상 남자는 여자에게, 여자는 남자에게 성적 매력을 느껴야 당연하지. 하지만 그렇지 않은 사람들도 있어. **남자가 남자에게 사랑에 빠지기도 하는데, 이러한 사람을 게이(남자 동성애자)라고 불러. 여자가 여자에게 성적 매력을 느끼면 레즈비언(여자 동성애자)이라고 해.** 대부분의 남자아이는 남자에게 매력을 느끼는 남자를 보면 이상하게 생각하지. 그렇지만 확실히 알아야 할 것은, **그것 또한 하나도 이상할 게 없다는 거야. 왜냐하면 사랑은 성별을 알지 못하거든!**

성적 지향의 예

동성애자: 같은 성별(동성)을 가진 사람에게 성적 매력을 느끼는 사람

이성애자: 다른 성별(이성)을 가진 사람에게 성적 매력을 느끼는 사람

양성애자: 동성과 이성 모두에게 성적으로 끌리는 사람

무성애자: 몸과 섹스에 관심이 없는 사람

커밍아웃은 여자든 남자든 누군가가 자신이 동성애자임을 사람들에게 밝히는 것을 뜻해. 네가 어떤 성별에 관심이 있는지 확실히 알 때까지 아직 시간은 많으니까 괜히 쓸데없는 걱정은 하지 마. 확실한 것은 이에 대해 혼란을 느끼는 사람이 너 혼자만은 아니라는 거야. 만일 네가 동성 친구와 아주 긴밀한 사이로 그를 안고 싶어하고 또 그를 가까이 느낀다고 해서, 네가 사랑에 빠졌다거나 게이라는 의미는 아니야. 서두르지 말고 네가 정말 무엇을 느끼는지 찾도록 해 봐.

사람에겐 남자, 여자, 이성애자 외에도 다른 사람이 존재한다고 보는 견해가 있는데, 이를 영어 약자로 **LGBTQ**(성 소수자)라고 하고 **무지개 깃발**로 나타내기도 해. LGBTQ는 레즈비언(Lesbian), 게이(Gay), 양성애자(Bisexual), 트랜스젠더(Transgender)와 퀴어 또는 퀘스처닝(Queer/Questioning, 규범에 벗어난 모든 것을 말해)의 첫 철자를 조합해서 만든 단어야.

의상 도착자(트랜스베스타이트, Transvestite): 가끔 이성의 옷을 입고 자신과 다른 성 역할을 하고 싶은 욕구를 가진 사람을 말한다. 그렇다고 해서 이것이 반드시 그의 성적 지향과 관련이 있는 건 아니다(트랜스젠더와 혼동하지 말 것! 이에 관해서는 다음 장에 더 자세히 나온다).

난 누구지?

이것은 본질적인 질문으로 여기서는 자신의 **성 정체성**, 즉 자기가 가지고 태어난 성적 특성에 상관없이, 남자 혹은 여자로 느끼는지가 아주 중요해. 수많은 사람이 태어날 때부터 명백하게 자신을 여자 또는 남자로 여기고, 사회에서 이에 어울리는 (역할) 모델을 발견하지.

TIP

여러분은 어떻게 생각하세요?

★ 언제 남자는 남자, 여자는 여자가 될까요? ★ 여자와 남자에 대해 말하는 것이 각각 다른가요? ★ 대체 '전형적인 남자/여자'란 무엇을 의미하고, 정말 그런 것이 존재하나요?

다른 말로 표현하자면, 인간은 태어나면서 생물학적인 성, 즉 성적 특성이나 체격, 아기를 낳을 수 있는지가 정해진다는 거야. **그러다가 교육과 사회적 기대에 의해 남녀 간에 사회적 차이가 만들어지게 돼.** 이렇게 사회적으로 구성된 성을 영어로 '젠더(gender)'라고 해.

트랜스젠더는 타고난 성에 소속감을 느끼지 못하는 사람이야. **인터섹스**는 태어날 때 성적 특성이 남자인지 여자인지 분명하지 않은 것을 말해. 그리고 자신이 어떤 '틀' 안에 분류되는 것을 당당히 거부하는 사람들도 있어. 이들은 자신이 어떠한 성에도 갇히지 않을 때 가장 편하게 느끼지.

이 재미있는 그림 속에 중요한 것이 다 들어 있어요!

이 '젠더 브레드 인간(The Gender bread-Person)'(이 말은 사람 모양의 진저 브레드/생강빵에서 유래했어요.)은 '다양성', 다시 말해 문화적 다양성을 뜻하는 용어예요. 사회에서 어떤 인간에 대한 차별도 반대한다는 것(반차별)을 의미하고, 모든 인간의 정체성이 어떻게 이루어져 있는지 아주 이해하기 쉽게 보여 줍니다.

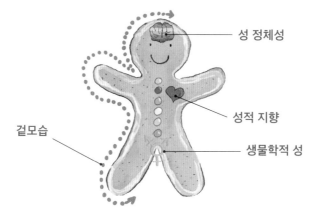

성 정체성

성적 지향

생물학적 성

겉모습

♥ **성적 지향**(=성적 끌림)

난 무엇에 그리고 누구에게 정신적, 영혼적, 육체적으로 끌리는가?

🧠 **성 정체성**(=젠더 정체성)

내가 나에 대해 생각하고 느끼고 나를 인식하는 모든 것

⚧ **생물학적 성**(=해부학적 성)

가슴, 난소, 외음부, 호르몬, 고환, 음경 혹은 수염처럼 볼 수 있고 측정할 수 있는 모든 특징

겉모습(=젠더 표현)

전통적인 역할과 관련해서 내가 입고 행동하고 표현하는 방식

섹스와 친밀감

여러분은 이 단어들을 들어 본 적이 있나요?

발기

섹스

성교하다

피임

피임약

콘돔

절정

정자

페팅(애무)

키스

오럴섹스(구강 성교)

자위

애널섹스(항문 성고)

외음부

수정

고환

귀두

포르노

오르가슴

클리토리스

성고

음경

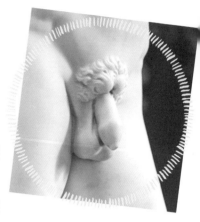

너의 음경

음경(페니스) 그러니까 이 신체 부위는 네가 어릴 때부터 오줌을 누고 목욕을 할 때마다 매번 손으로 만지면서 특별한 관심을 받고 있지. 남자에게 음경은 자신의 일부로, 넌 이 부위가 추위, 열, 접촉이나 통증 같은 외부 자극에 아주 민감하게 반응한다는 것을 잘 알 거야. 그리고 이 신체 부위를 놓고 너무 작네, 크네 하면서 이러쿵저러쿵하는 소리도 들어봤을 거고. **그도 그럴 것이, 힘차게 솟아오른 남성의 생식기는 거의 모든 사회와 문화에서 남자다움, 힘과 정력을 대변하기 때문이야.**

그래서 어린아이들마저 음경 길이로 사람을 판단하고 있어. 또한 음경 모양으로도 판단하지. 남자들의 귀두는 대부분 음경 몸통보다 더 굵은데, 이 때문에 이를 호리병 음경이라고 불러. 그리고 일반적

재미있는 사실

말도 안 돼! 발 크기는 음경 크기에 대해 아무것도 말해 주지 않아요. 그리고 남자의 코로 음경의 형태를 알 수도 없고요.

으로 그 굵기가 같을 경우 원통형, 음
경 뿌리가 귀두보다 굵을 땐 원뿔형
이라고 해.

음경 길이는 음경 뿌리부터 귀두의
끝까지, 음경 굵기는 음경 몸통 가운
데를 측정해. 성인 남자들의 발기한
음경은 발기하기 전보다 3~5센티미터 정도 커져. 그리고 그 굵기도
흥분하면 더 굵어지지. **모든 음경의 크기는 발기 상태에서 거의 다
같아!**

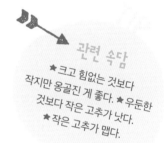

이란 음경이 발기되지
않음을 뜻한다. 이는 흔하지 않은
증상으로, 대부분 나이 많은 남자들에
게 나타난다.

관련 속담
★ 크고 힘없는 것보다
작지만 옹골진 게 좋다. ★ 우둔한
것보다 작은 고추가 낫다.
★ 작은 고추가 맵다.

**너의 음경은 지금 그대로 완전히 정상이고 너한
테 어울려.** 그러니까 괜히 걱정하지 마! 또 음경의 길이와 형태, 굵
기는 네가 어떤 사람인지, 너의 생식 능력이 좋은지, 섹스를 얼마나
잘하는지, 그 어떤 것도 말해 주지 않아. 네가 왼손잡이인지 오른손
잡이인지 누가 관심이 있냐고. 안 그래?

황홀한 꿈을 꾸다

네가 잠을 자는 동안, 기분이 황홀하고 얼굴은 함빡 미소를 짓게 하는 일이 벌어지지. 이건 아침에 속옷이 젖은 채 일어나서가 아니라, 네가 밤사이 남자가 되었기 때문에 생기는 일이야. 여자들에게 있어서 첫 생리가 **성적 성숙**을 의미하듯, 남자들에게는 **첫 사정이 아기를 가질 수 있다는 신호가 돼**(이에 대해서는 90쪽 "아기는 이렇게 생겨"를 참고해!).

밤사이 음경은 뻣뻣하게 경직되고 고환에서 만들어진 정자를 밖으로 분출하는 일을 하지. 넌 이런 일이 일어난 것을 잘 모르고, 단지 좋았다는 것만 기억해. 잠을 자면서 마치 좋은 꿈을 꾼 것처럼. 그래서 이것을 '몽정'이라고도 해.

여자의 몸속에서는 한 달에 한 번씩 난자가 성숙하는데,

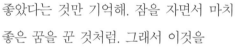
여러분이 잠자고 꿈꾸는 동안, 약 한 시간~한 시간 반 간격으로 발기 현상이 나타난다. 이것은 정상이며 건강한 것이다. 아침에 일어났을 때 꼿꼿하게 위로 솟은 성기를 봐도 알 수 있다. 참고로 여자도 이와 비슷한 몽정을 경험한다.

꼬리를 무는 질문

▶ **제 음경은 너무 작고 크질 않아요.**

더 커질 거예요. 아주 확실해요.

▶ **제 음낭은 왼쪽이 오른쪽보다 더 커요.**

이건 정상이에요. 계란도 똑같은 것은 없잖아요.

▶ **음경에 여드름이 났어요.**

종종 생기는 일이지만, 만약 가렵거나 진물이 나면 반드시 병원에 가세요.

▶ **가끔 음경이 뻣뻣하고 단단해져요.**

성인 남자나 사춘기 소년에 상관없이 발기될 수 있어요.

▶ **다른 때와 다르게 정액 냄새가 이상해요.**

마늘을 많이 먹었을 때 그럴 수 있어요. 또 감염됐을 때 그런 일이 생기기도 해요. 이러한 일이 계속될 경우, 만약을 위해 의사의 진찰을 받으세요.

▶ **찬물로 샤워할 때 음경과 고환이 아주 작아져요.**

걱정하지 마세요! 이것은 자연스러운 보호 기제로, 정자를 보호하기 위해 일정한 체온을 유지하려고 그러는 거예요.

▶ **음낭 속에 아주 이상하게 생긴 구슬 같은 게 들어 있어요.**

그것이 바로 고환이에요. 모두 정상이에요!

열두 살 정도에 시작하고 약 24시간 동안만 수정 능력을 줘. 하지만 (남자)사람들은 이게 언제인지 정확한 날짜를 잘 몰라. 그래서 아기 갖기를 원한다면 언제든 준비하고 있어야 해. 이것은 생체 시계가 말해 줘. **그리고 그때가 되면, 음경은 만반의 준비를 하고 여러 시험대에 오르지.**

하지만 21세기를 사는 현대 남자로서 넌 충동을 조절하는 방법을 금방 알게 될 거야. 그러니까 걱정하지 않아도 돼. 어쨌든 우리는 석기 시대 사람이랑 다르니까!

남자가 성적으로 흥분하면, 젖꼭지는 단단해지고 고환을 포함한 음경이 커지지. 이때 음경에서 액체가 흘러나오는데, 이 액체는 윤활제와 같은 액으로 귀두를 감싸고 있는 포피가 잘 움직이게 하는 역할을 해. 동시에 뇌는 화학적 전달 물질의 도움으로 음경이 커지고 단단해지면서 점점 더 큰 쾌락을 느끼게 하지. 이러한 흥분으로 오르가슴이 일어나게 돼.

오르가슴 자체는 단 몇 초만 지속하며, 정액을 분출하는 현상(사정)을 동반하지. 사정이 일어나기 바로 직전, 둥그스름한 모양의 전립선에 정액이 고이면 방광 쪽의 요도는 닫히게 돼. 그리고 근육이 계속 수축하면서 정자와 함께 정액을 분출하는 거야. 이때 밖으로 배출되는 정자의 수는 약 2억 마리에 이르는데, 이들이 움직이는 속도는 한 시간에 14~18킬로미터야! 정말로 엄청나지. 오르가슴을 느끼는 순간, 남자들은 아주 멋진 기분을 경험해.

정액은 고유의 독특한 냄새가 나. 말하자면, 마늘

INFO

4~6밀리리터 정도의 정액(=티스푼으로 하나 가득 되는 양) 속에는 평균적으로 약 2억 마리의 정자가 들어 있다. 정자의 크기는 0.06밀리미터, 난소를 향해 이동하는 거리는 약 15센티미터에 달하는데, 이때 꼬리를 사용해 움직이면서 앞으로 나아간다.

을 먹었을 때와 파인애플을 먹고 난 뒤 정액에서 나는 냄새는 전혀 달라. 정액의 양은 매번 조금씩 변화가 있고 횟수, 음식물, 여러 가지 상황에 따라 달라져. 사정하는 횟수가 많을수록 배출되는 정액의 양은 적어지는데, 몸이 생산량을 감당할 수 없기 때문이야. 하지만 다시 비축해 놓지. 새로운 정자는 8주에 걸쳐 주기적으로 만들어져. 참, 담배와 술이 정자 생산과 정자 질에 안 좋다는 사실은 알고 있겠지?

과   은 다르다. 사정 없이 오르가슴을 느낄 수 있고, 오르가슴 없이도 사정할 수 있다.

INFO

포르노와 환상

미성년자가 **포르노와 성인 영화를 보는 것**은 법적으로 금지되어 있지만, 어찌 되었든 이것은 성적 발달의 한 부분이기도 해. 일반적으로 여자아이들보다 남자아이들이 더 많이 보지. 포르노는 보는 사람이 흥분하도록 성행위와 음부를 노골적으로 보여 줘. **포르노에 나오는 장면은 진짜 섹스나 감정과는 아무 상관이 없어.**

실제는 전혀 달라! 그리고 거의 모든 포르노에서 여자들은 몹시 굴욕적인 자세를 하고 있어. 생식기와 성행위를 아주 적나라하게 묘사한 장면은 대부분 남자가 여자의 질 외부와 몸 위 혹은 얼굴에서 오르가슴을 느끼는 것으로 끝나. 여자가 쾌락을 느끼고 만족하는 장면은 거의 없고, 강요와 폭력이 극단으로 치닫는 장면들만 난무하지. 솔직히 말해서, 넌 여자친구와 합의해서 함께 자고 싶고, 그녀도 너처럼 즐기기를 원할 거야. 그렇지 않아? 물론, 네가 포르노를 보는 것

꼬리를 무는 질문

▶ **친구들이 자꾸만 포르노를 보자고 할 땐 어떻게 해요?**
가장 좋은 방법은 일어나서 그곳을 떠나는 것이에요.

▶ **포르노 화보를 본 뒤 혐오스러운 기분이 가시지 않아요. 이럴 땐 어떡해요?**
부끄럽더라도 이에 관해 누군가와 이야기하세요!

▶ **어떤 사람이 포르노를 보냈을 땐 어떻게 하나요?**
보지 말고 삭제하세요! 그런 행위를 하는 사람은 처벌을 받아요. 포르노물을 어린이와 청소년들에게 유포하는 것은 금지돼 있어요.

인터넷, 한 번이 평생 간다

섹스팅이란 야한 사진을 발송하는 것을 말해요. 만일, 전 여자
친구가 여러분에게 대단히 화가 나서 온라인에 사진을 올리거나
보낸다면, 대단히 부끄러운 일이고 법적으로도 문제가 돼요.
반대로 여러분도 여자 사진을 아무 동의 없이 퍼뜨려선
안 돼요. 이런 일에는 처음부터 아예 관여하지
않는 게 좋아요.

이 아주 이상하다는 건 아니야.

남자들은 언젠가부터 여자의 몸과 특히 여자의
유방에 대해 말하기 시작하지. 애나 어른 할 것
없이 남자들이 여자 가슴에 집착하는 이유는 모
유를 먹던 경험과 관련이 있다고 볼 수 있어. 엄
마가 아기에게 젖을 먹일 때 '애착 호르몬'인 옥시토신이 분비되는
데, 여자 가슴을 손으로 만지고 쳐다볼 때도 이와 똑같은 내적인 감
정이 되풀이돼. 이는 성적인 쾌락이라기보다
는 애착과 친밀 욕구와 관련된 것으로
보여.

어찌 됐든 **여자의 가슴은 정
말 아름다워!** 가슴의 크기와 분
만 횟수는 아무 상관이 없다는
것도 알아 둬.

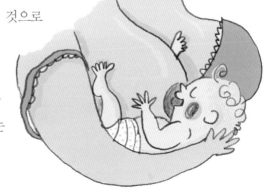

혼자 하는 섹스

성적인 자위란 자신의 생식기를 오르가슴에 이를 때까지 자극하고 만지고 문지르는 행위를 말해. 옛날 사람들은 자위를 무거운 죄로 여겼고 심지어 건강을 해친다고도 생각했어. 몇몇 의사들은 자위가 몸을 병들게 한다고 믿었는데, 오늘날엔 이러한 편견이 더는 없었으면 좋겠어! 하지만 옛날에는 엄중하게 처벌했고, 청소년들의 손을 자르거나 생식기를 거세해서 자위를 몰아내려고 했지.

그렇지만 이제는 자위가 신체적, 성적인 자기 경험을 위해 중요하다고 보는 게 일반적이야. 무엇이 나를 기분 좋게 만들고 즐겁게 해 주는지 나만의 속도로 탐색할 수 있기 때문이야. 혼자 하는 섹스는 기분을 좋게 하고 스트레스를 없애고 긴장을 풀어 주지. 수많은 남자아이, 여자아이가 자기 자신을 어루만지면서 음경이나 클리토리스를 자극하는 것을 즐겨. 설문 조사에 따르면 모든 성인 여자 80퍼센트,

자위행위를 오나니즘이라고도 부르는데, 이 단어는 원래 성경에 나오는 인물 오난(창세기 38장)에서 유래했다. 오난은 자위에 뛰어난 사람이 아니라 질외 사정(Coitus Interruptus)을 했다(더 자세한 것은 84쪽을 참고해!).

INFO

남자 95퍼센트가 규칙적으로 자위행위를 하고 있어.
만일 네가 자위에 별다른 재미를 못 느껴도 이것
역시 아무 문제는 없어.

**침대 시트에 묻은 정액 흔적을 보고 부끄러워
할 필요는 없어!** 하지만 엄마가 난처한 질문을 한
다면 화장지를 사용해 봐. 어떤 사람은 배에 사정한 다음
닦아 내기도 하고, 어떤 사람은 샤워하거나 목욕할 때 자위를 해서
물로 다 말끔히 씻어 내기도 해.

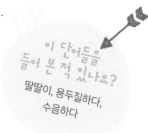

이 단어들을
들어 본 적 있나요?
딸딸이, 용두질하다,
수음하다

재미로 알아보는 상식

코나 지느러미 혹은 앞발을 사용해서, 동물도 자위해요!
왜냐하면 쾌락을 얻기 때문이죠.
자위를 함으로써 정자 생산이 좋아지고(포유류 수컷)
질 근육이 강화돼요(포유류 암컷).

어이쿠

77

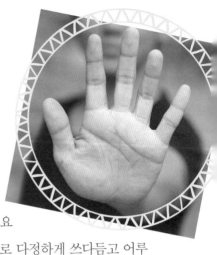

NO는 NO야

간지럽히고 꼭 껴안고 몸을 어루만지는 것은 황홀한 일이야. 사람이 편안한 기분을 느끼려면 신체 접촉이 필요해. 부모든 형제자매든 또는 친구든 서로 다정하게 쓰다듬고 어루만지면 기분이 정말 좋아. 하지만 때때로 네가 이것을 원치 않고 좋아하지 않고 뭔가 이상하다고 느끼는 순간이 있어. **그땐 네 직감을 믿어!** 네 몸은 네 것이고, 누구도 네가 원치 않을 때는 만질 권리가 없어. 이모가 뽀뽀하려고 하든 누가 널 안으려고 하든 다 마찬가지야. **원하지 않는다면 받아들이지 말고 거부해.**

그렇다고 해서 신체 접촉이나 몸 노출이 모두 다 성폭력은 아니야. 사람들이 옷을 벗고 샤워하면서 우스갯소리를 하는 거와 누군가 발기된 자신의 성기를 보여 주면서 그걸 만지라고 하거나 그 이상의 것을 요구하는 것은 아주 달라. **본인이 원하지 않는데도 성적 행위가 일어나는 것을 성적 학대라고 해. 청소년 성적 학대는 법적으로 처벌을 받게 돼!** #미투(Me Too) 운동이란 말을 들어봤지? 해시태그를 달고 성추행을 당한 수백만 명의 남녀가 말을 한 거야.

TIP
도움을 청하세요!
강요를 받거나 죄책감을 느끼지 마세요! 꼭 신뢰할 수 있는 사람을 찾아서 어떤 일이 일어났는지 말하세요! 이에 대해 부끄러워 하지 않아도 돼요.

뭔가 심상치 않음을 이렇게 알 수 있어요!

★ 그/그녀가 계속 여러분의 음부에서 시선을 떼지 않아요.

★ 그/그녀가 끊임없이 섹스에 관해 이야기해요.

★ 그/그녀가 나에게서 섹스에 관한 모든 것을 알고 싶어 해요.

★ 그/그녀가 남자, 여자아이를 경시하는 성차별적인 말만 해요.

★ 그/그녀가 계속 여러분의 엉덩이와 다리 사이를 은근슬쩍 손대고 만져요.

★ 그/그녀가 자신의 몸을 쓰다듬거나 음경이 발기할 때까지 만져요.

안 돼!

안 된다는 말은 우리가 어려서 훈육을 받을 때 많이 듣던 말인데, 여기에서는 자기 의견과 자기 의지가 있다는 점이 무척 중요해요! 안 된다고 말하는 것은 또 '거부하는 행동'을 의미해요. 친구와 함께 연습해 보세요. 친구와 눈을 마주 보고, 서로 양 손바닥을 맞대면서 밀어 내세요. 그리고 아주 큰 소리로 "안 돼" 하고 소리치세요.

NO는 NO예요!

★ 누구도 여러분에게 포르노를 보자고 강요할 수 없어요.

★ 누구도 여러분에게 자위행위를 하게 한다든지 반대로 자신이 자위하는 모습을 보도록 강요할 수 없어요.

★ 여러분이 원치 않으면, 누구라도 여러분의 성기나 엉덩이를 만질 수 없어요.

★ 누구도 여러분이 옷 벗은 모습을 사진으로 찍을 수 없어요.

★ NO라는 말은 반대로 여러분에게도 해당해요!

작은 놀이 혹은 애무

키스하기, 껴안기, 어루만지기 같은 애무(페팅)는 성교 없이 하는 감미로운 섹스야. 애무는 음경을 질 속에 넣지 않고 남녀가 서로 손과 입으로 부드럽게 만지면서 자극하는 거야. 옷은 입거나 벗은 채로, 서로 아주 풍부한 감정과 열정을 가지고 귓불, 겨드랑이, 팔, 척추, 배, 유두, 무릎 안쪽 그리고 물론 생식기 등, 몸의 예민한 부위를 탐색해 가지. **애무는 자신과 상대방의 몸을 아주 흥미진진하게 온 감각을 사용해서 알아가는 놀라운 놀이야.** 게다가 부끄럼 없이 서로 벗은 모습을 보여 주는 좋은 기회이기도 하고.

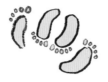

사랑을 나누다

'성교'는 아름다운 일을 나타내는 공식적인 단어로, 상대방 몸 안으로 서로 깊숙이 들어가 하나가 되는 거야. 또한 이 말은 '사랑을 나누다, 섹스하다 혹은 함께 자다'라고 표현하기도 해. 생물학적으로 볼 때, 성교는 번식을 위한 일이면서(이에 관해서는 90쪽에 나오는 "아기는 이렇게 생겨"를 봐!) 무엇보다 커다란 즐거움을 주는데, 서로 사랑하고 이해하며 상대방의 몸이 멋지다고 여기는 단둘이 사랑을 나누기 때문이야. 이때 남자가 발기된 음경을 여자의 질 속에 삽입하면, 두 사람은 부드럽게 리듬을 타면서 몸을 이리저리 움직

이지. 남자들과 마찬가지로 여자들도 이를 매우 흥분되고 아름답게 여기고, 이러한 성적인 흥분은 오르가슴으로 발산돼.

연인들은 다양한 체위로 사랑을 나누고, 시간이 흐름과 동시에 서로 좋아하는 것을 계속 발전시켜 나가. 이를테면 남자가 여자 위에 눕거나 아니면 그 반대일 수 있어. 또는 여자가 남자 무릎 위에 앉거나 남자가 여자 뒤에 있어. 처음에는 많은 사람이 '정상위'를 가장 편한 체위로 여기는데, 그 이유는 남자가 여자 위에 있을 때 음경을 질 속에 삽입하기가 한결 수월하기 때문이야. 하지만 온갖 즐거움 속에서도 절대로 잊으면 안 되는 것이 있어. 피임이 처음이자 마지

다음 페이지에 계속 ➡

막이라는 것을 꼭 기억하도록 해!(더 자세한 내용은 84쪽을 봐!)

처음으로 사랑을 나누는 것은 몹시 긴장되는 일이라서, 꿈에 그리던 것처럼 그렇게 근사하진 않아. '그것'이 언제일지는 오직 너만이 결정할 수 있고 너에게 달렸어. 남녀가 모두 심하게 흥분하면, 질은 촉촉해지고 음경은 발기가 돼서 남자가 쉽게 삽입할 수 있어. 그럼 남자는 음경을 질 속에서 리듬감 있게 움직이고,

여자는 골반을 움직여서 두 사람은 좋은 감촉을 느끼게 돼. 이때 서로 키스하고 양손으로 부드럽게 어루만지며 여자의 음핵을 자극하기도 해.

남자가 성적으로 흥분하면 음경은 단단해지고 커져서 꼿꼿이 일어서게 돼. 또 소위 애액이라는 게 분비되는데 그 속에 정자가 들어있기도 해. **만약 애무할 때 남자가 절정에 올라서 사정했다면, 질 안으로 정액이 들어가지 않았는지 꼭 유의해야 해**(피임에 관해서는 84쪽부터 나와).

꼬리를 무는 질문

▶ 처음으로 성교할 때 여자는 왜 아픈가요?

꼭 그런 건 아니에요. 하지만 극심한 긴장으로 여자의 몸은 때때로 경직되며 닫히고, 그 때문에 삽입할 때 통증을 느끼는 거예요.

▶ 음경이 힘없이 늘어지는 원인은 무엇인가요?

스트레스, 시간 및 성과에 대한 압박 그리고 긴장감 역시 성적인 흥분에 영향을 줄 수 있어요. 긴장은 풀어질수록 좋아요.

▶ 남자끼리는 어떻게 성교하나요?

남자들은 아주 다양한 방법으로 함께 즐길 수 있어요. 종종 구강 성교를 해요. 이미 경험이 많고 둘 다 원한다면 항문 성교를 하기도 해요. 다시 말해 한 명이 발기된 자신의 음경을 (그 전에 깨끗이 씻은) 상대방의 항문에 삽입하고, 이와 동시에 상대의 성기를 자극할 수 있어요. 이때 반드시 콘돔을 사용해야 해요.

▶ 여자 둘이서는 어떻게 성교하나요?

여자들은 서로 여러 가지 기술과, 구강성교로 즐거움을 얻을 수 있어요. 둘이 X자 모양으로 다리를 교차시키고, 서로 생식기를 밀착시켜서 오르가슴에 이를 때까지 마찰하고 자극을 줄 수도 있지요. 성적 경험이 풍부한 레즈비언 커플이라면 섹스 장난감을 이용해서 삽입할 수 있어요.

콘돔

사랑을 나누면 아기가 생겨! 남자들에게는
단 하나의 피임법밖에 없는데 바로 콘돔이야. 이것은
'첫째, 원치 않은 아빠가 되는 것과 둘째, 성병에 걸리는 것'을 막
아 줘.

콘돔은 피임약 다음으
로 가장 많이 사용되는
피임법인데, 성병 감염
을 예방할 수 있는 유일

> 아이 낳는 것을 원치 않는 남자는
> 정관수술 을 받을 수 있다. 이것은
> 해롭지 않은 간단한 수술로 정관을
> 절제하는 것이다. 거세 란 고환을 제거하는
> 것으로, 호르몬 조절에 많은 영향을 준다.
> **INFO**

한 방법이기 때문에 **항상** 사용해야 해. **콘돔은 매우 얇고 내구성이
강한 라텍스 막으로 이루어졌고, 성교하기 전에 발기된 음경 위에
씌워서 끝까지 펼쳐 주는 거야.**

볼록 튀어나온 콘돔의 끝부분은 정액을 잠시 담고 있어서 정액이
질 안으로 들어가지 못하게 해. 사정한 뒤 콘돔을 질에서 빼낼 때는
꽉 잡고 있어야 하는데, 그래야만 (발기가 해소된) 음경이 미끄러지듯
빠지지 않고 혹시 모르는 정액이 질 속에 남지 않아. 사랑을 나누는
두 사람의 생식기 점막이 서로 직접적으로 접촉하지 않게 해서 **콘돔**

> 질외사정(Coitus Interruptus) 이란 성교를 중단하는 것을 의미한
> 다. 더 자세히 말해, 남자가 사정하기 전에 음경을 질 밖으로 꺼내서 사정하는
> 것이다. 이 방법은 매우 안전하지 못한 피임법이다.
>

은 성병도 예방하는 거야.

콘돔은 올바르게 사용하기만 하면 원치 않은 임신과 성병 감염을 막을 수 있고, 필요할 때마다 손쉽게 쓸 수 있으며, 부작용이 없다는 **장점**이 있어. **단점**은 사용하는 데 연습이 필요하고 본인은 물론 상대

방 모두 안전에 유의해야 한다는 거야. 콘돔은 질과 접촉하기 전에 덮어씌워야 하는데, 음경은 성적으로 자극받고 흥분하면 사정하기도 전에 정액을 분비할 수 있기 때문이야. 그리고 아주 드물지만, 콘돔이 찢어지거나 벗겨질 수도 있어(88쪽에 나오는 '사후피임약'을 참고해!). 또 라텍스 냄새가 방해된다는 사람들도 있지.

알아 두세요

★ 콘돔은 반드시 한 번만 사용하세요! ★ 콘돔은 보관을 잘못하거나 (절대로 지갑 안에 넣지 마세요!), 햇볕 또는 손톱에 의해 쉽게 손상돼요. ★ 어떤 경우에도 콘돔 포장지를 이로 뜯지 마세요! ★ 한 번 사용한 콘돔은 변기에 넣지 말고 휴지통에 버리세요. ★ 많은 사람이 콘돔의 감촉이 좋지 않다고들 말해요. 물론 이것은 생각하기 나름이죠. ★ 콘돔의 크기는 아주 다양하고 맛도 여러 종류가 있어요.

다음 페이지에 계속 ➡

콘돔 사용은 이렇게!

1. 조심스럽게 콘돔 포장지를 뜯는다.

2. 음경은 발기된 상태여야 하고, 귀두는 때에 따라 노출되도록 포피를 뒤로 젖힌다.

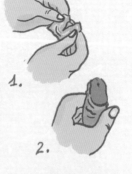

3. 콘돔 끝에 볼록 튀어나온 부분(정액이 담기는 곳)을 살짝 잡고 공기를 뺀다. 이곳은 나중에 정액이 모이는 공간이다. 그런 뒤 콘돔을 귀두 위에 놓고 바깥쪽을 향하게 한다.

4. 콘돔을 음경 몸통 위에 잘 씌운다. 이때 귀두 위 정액이 담기는 곳이 축 늘어지지 않게 유의한다.

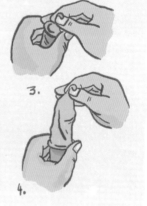

만일 잘 안 됐거나 콘돔을 뒤집어 씌었을 땐 무조건 새 콘돔으로 바꿔. 중요한 것은, 사정한 뒤에는 음경이 다시 원래 상태로 수축해서 콘돔이 벗겨질 수 있으니까 너무 꾸물거리면 안 돼. 가장 좋은 방법은 음경의 몸통을 잘 잡은 다음, 질 밖으로 음경과 콘돔을 조심스럽게 꺼내는 거야. 이것은 남자나 여자 혹은 두 사람이 같이해도 좋아. 사용한 콘돔은 휴지에 돌돌 말아서 쓰레기통에 버리면 돼.

피임약

여자들에게 **피임약**은 가장 안전한 피임법이야. 피임약을 규칙적으로 먹으면 호르몬 분비가 조절되면서 난자의 성숙과 배란을 억제해. 이와 함께 자궁 내막은 얇아지고, 자궁 경부의 점액진(점액 덩어리)은 *끈끈하게* 점성이 있어서 정자의 침투를 방해하지. 여자들을 위한 또 다른 피임법을 보면 루프, 페서리(피임용 격막)나 3개월 동안 효과가 있는 피임 주사가 있어.

피임약의 장점은 피부가 좋아지고 생리 양이 적어지고 생리로 인한 불쾌감도 줄어든다는 것이고, **단점**으로는 두통, 구토, 혈전증(대부분 흡연자일 경우), 몸무게 증가와 같은 부작용이 나타날 수 있다는 거야. 피임약은 여자의 생식 능력에는 영향을 주지 않고 언제든지 중단할 수 있어.

피임약의 원리는 이래. 피임약은 생리(월경)가 시작된 첫째 날을 시작으로 하루에 한 알씩 20일 동안 계속 먹어야 해. 피임약은 **매일 정해진 시간에**(아침이나 저녁) 먹어야만 피임 효과가 즉시 나타나. 그런 다음, 약을 잠시 중단

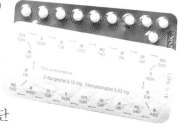

하는 7일(일주일) 동안의 휴식기 이후에 생리가 시작되는데, 이때의 생리 양은 더 적어. 그리고 이날부터 피임약을 다시 21일간 꾸준히 복용하면 되는 거야. 휴식기에도 피임 효과는 계속 유지돼.

다음 페이지에 계속 ⟹

알아 두세요

★ 구토, 설사를 했거나 다른 약을 먹었거나 혹은 피임약 먹는 것을
잊어버렸다면 피임 효과는 없어요. ★ 사후 피임약(응급 피임약)은
예기치 않은 응급 상황에 먹는 약으로, 고용량의 해당 호르몬이 함유돼서 배란을
억제해요. 단 한 알을 복용하는 것만으로도 여성 호르몬 수치에 급격한
변화가 일어나기 때문에 여러 가지 부작용이 나타날 수 있어요.
하지만 꼭 긴급할 때 복용하는 것은 원치 않는
임신을 하는 것보단 나아요.

무방비 상태로 하는 성교는 그게 입이든 질이든 항문이든 아니면 동성끼리든 이성끼리든 감염될 수 있는 다양한 질병을 일으킬 수 있어. 중요한 건 콘돔을 사용해서 충분히 예방하는 거야. 특히 상대방이 자주 바뀌고 잘 모르는 사람이라면 최대한 위험성을 낮추기 위해 그렇게 해야만 해. 더욱 중요한 것이 있는데, **만일 처음으로 증상이 나타나고 불확실할 땐 곧장 병원에 가야 한다**는 사실이야. 대부분의 감염된 성병은 치료를 받으면 나을 수 있어. 하지만 HIV(인간면역결핍 바이러스) 감염처럼 종종 아무 증상이 없는 경우도 있어. 너뿐만 아니라 상대방도 위생 관리를 철저히 해야 한다는 것을 잊지 마.

이럴 경우에는

모든 피임 조치에도 불구하고 원
하지 않는 임신을 하게 됐을 때,
다음의 사항들을 알고 기억하면
좋아요.

★ 임신 중절은 우리나라에서 모자보건법이라는 예외사항에 해당되는
경우에만 제한적으로 허용되고 있어요. 전문가를 찾아가서 상담과 진
료를 받으세요.

★ 대화하세요: 친구든 부모님이든 의사든, 주위 사람과 이야기하세요.
또 청소년 상담(복지)센터나 청소년 성문화센터 같은 상담 시설에서
도 비밀은 유지되고 큰 도움을 받을 수 있어요.

★ 그리고 제발 비난하지 마세요. 지금 필요한 것은 미래를 위해 좋은
결정을 내리는 거예요.

아기는 이렇게 생겨

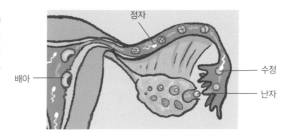

　자연은 여자가 임신할 수 있게 설계해 놓았어. 이 때문에 아이 낳기를 원치 않는 커플에게 피임은 무척 중요하지. **여자가 생리를 하면 생식 능력이 있어서 아기를 가질 수 있어.** 난소는 거의 4주마다 일정한 간격으로 수정 능력이 있는 난자를 생산해. 여자의 난세포(난자)는 약 6~24시간 동안만 생존할 수 있는데, 이에 반해 남자의 정세포(정자)는 5일까지 생존이 가능해. 그래서 만약 커플이 피임하지 않는다면, 여자는 배란 전이나 배란 후 언제든지 임신할 수 있는 있는 거야(피임에 관한 자세한 내용은 84쪽부터 나와 있어!).

　남자가 사정할 때 음경이 질 속에 방출하는 정자의 수는 약 2억 개에 이르고, 이들이 자궁에 도달하면 계속해서 난관(나팔관) 쪽으로 이동해. 보통 자궁 입구는 끈끈한 점액 덩어리로 막혀 있는데, 이렇게 해서 병균과 감염으로부터 자궁을 보호하는 거야. 배란일이 가까워지면 자궁 경부 점액이 투명해져서 정자가 방해받지 않고 이동할 수 있는데, 이때 활동 가능한 정자의 수는 단 500개밖에 안 돼. 그리

난소 내 난자(난세포)의 발달 단계 및 수정된 난자가 배아로서 자궁벽에 착상되기까지의 이동 경로

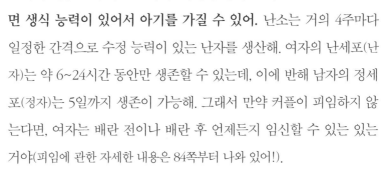

정자

배아

수정

난자

고 그중에서도 **가장 빠른 정자가 이기는 거야.** 말하자면, 이 정자는 난자를 뚫고 들어가 엄마와 아빠의 유전 정보를 가진 새로운 하나로 결합하는 거지.

난소에서 수정된 난자가 자궁에 도달하고 착상하기까지는 약 5일이 필요한데, 그사이 **자궁은 호르몬(에스트로겐과 프로게스테론) 덕에 임신 준비를 하게 돼.** 이 호르몬은 사전에 두꺼워진 자궁 내막이 얇아지지 않게 해(생리하지 않아). 예정일이 지나도록 생리를 하지 않는다면, 임신 테스트기로 소변을 통해 측정할 수 있어.

뱃속의 아기는 이렇게 발달해요

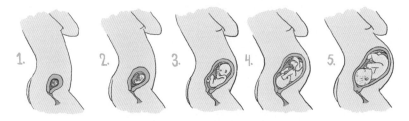

1. **임신 1개월**: 수정된 난자가 세포 분열을 하고, 자궁으로 이동해서 착상합니다. 크기는 핀 머리 정도로 매우 작아요.
2. **임신 3개월까지**: 배아는 장기를 만들고 팔, 다리, 코, 귀를 만들어요.
3. **임신 5개월까지**: 눈썹과 머리카락이 자라고, 초음파로 태아의 성별을 알 수 있어요.
4. **임신 7개월까지**: 모든 장기가 만들어지고 뇌는 엄청난 속도로 성장합니다. 이 시기에 태아는 눈을 뜰 수 있어요.
5. **임신 9개월까지**: 태아는 세상 밖으로 나오기 위해 충분히 성장하고 클 때까지 자라고 또 자랍니다.

벌써 끝이라고?

자, 이제 본격적으로 시작이
야! 남자라는 것, 남자가 된다는
것은 오늘날 꽤 큰 도전이자 동
시에 멋진 도전이기도 해. 미래
에 어떤 남자가 되고 싶은지
네가 선택할 수 있는데, 이것은
다행스럽게도 지난 몇 년 동안 일어난 변화들 때문이야. 큰 회사에
서 경력을 쌓든, 목수가 돼서 네 밑에 직원을 두든, 무용가, 비서, 간
병인, 헬스트레이너나 선생님이 되든, 아니면 광고에 나오는 과장된
남성상에 정면으로 맞서든, '진짜' 사나이들을 위한 액션 샤워젤과
그릴용 고기를 판매하든, 오늘날에는 선택이 가능해. 너 스스로 결정
하기만 하면 돼! 그리고 만일 네가 원하면, 언젠가는 너와 동등하게
가정을 이룰 수 있는 상대를 만날 거야.

오늘날 남자들에게 세상은 열려 있고, 고정된 역할은 점점 사라
지고 있어. 남자는 울고 화낼 수 있고 또 약한 모습과 감정을 보여도
괜찮아. 그리고 온통 일에만 전념할지, 아니면 아빠가 돼서 육아 휴
직을 하고 자녀 곁에 있을지 선택할 수 있어.

축하해! 지금 너는 너의 길을 가기 위해 필요한 것을
(거의) 다 가지고 있어. 혹시 의문이 생기면, 언제든지
이 책을 뒤적거리면서 다시 찾아봐.

몽정이 어땠다고 그랬지? 콘돔은 어떻게 사용했더라? 면도는 어떻게 했지? 가끔 이렇게 감정이 뒤죽박죽인 이유가 뭐였지? 아주 개인적인 이야기를 일기장에 적어 보는 것도 좋을 거야.

누가 뭐래도 이 책은 네가 자유롭고 씩씩하고 당당히 너의 길을 가는 것을 응원해! 네가 어릴 때부터 강요받았던 틀에 박힌 역할과 사회적 기대에 흔들리지 마. **너는 너야.** 네가 누구고 어떤 사람이고 **무엇이든 상관없이 그 누구와도 같지 않고 놀라우면서 또 틀림없이 올바른 사람, 그게 바로 너야.** 그리고 가장 중요한 것이 있어. 넌 혼자가 아니라는 사실이야! 이 세상 모든 남자는 너와 똑같아. 단지 방식이 다를 뿐이지.

그럼, 행운을 빌게.

찾아보기

소년들의 솔직한 몸 탐구 생활 사랑과 성이 궁금한 남자 청소년들의 필독서

초판 1쇄 발행 2020년 3월 10일 초판 2쇄 발행 2021년 4월 26일

글 일로나 아인볼트

그림 바바라 융

옮김 마정현

펴낸이 이승현

편집3 본부장 최순영

교양 학습 팀장 김문주   편집 김숙영   디자인 톡톡

펴낸곳 ㈜위즈덤하우스   출판등록 2000년 5월 23일 제13-1071호

제조국 대한민국 주소 경기도 일산동구 정발산로 43-20 센트럴프라자 6층

전화 031) 936-4000   팩스 031) 903-3891   전자우편 scola@wisdomhouse.co.kr

홈페이지 www.wisdomhouse.co.kr

ISBN 979-11-90630-25-2 43300

Boys!: Was coole Jungen wissen müssen
By Ilona Einwohlt and Barbara Jung
Originally published as "Boys!: Was coole Jungen wissen müssen"
ⓒ 2019 Fischer Kinder- und Jugendbuchverlag GmbH, Frankfurt am Main All rights reserved.
Korean translation copyright ⓒ 2020 by Wisdomhouse Inc.